STARK

ABITUR Skript

Deutsch

FOS · BOS 12/13
Bayern

STARK

Inhalt

Formen

Aufsatzarten

Themen

Autoren: Dr. Fritz Schäffer, Stefan Neuhauser

Vorwort

Liebe Schülerinnen und Schüler,

in diesem handlichen Skript finden Sie alle wesentlichen Inhalte, die Sie im Fach **Deutsch** für das Fachabitur (12. Klasse) bzw. das Abitur (13. Klasse) an beruflichen Oberschulen in Bayern beherrschen müssen. Es führt Sie in **drei Kapiteln** durch den **prüfungsrelevanten Stoff**. Durch den klar strukturierten Aufbau eignet sich dieses Skript besonders zur Auffrischung und Wiederholung des Prüfungsstoffs kurz vor dem (Fach-)Abitur:

- Das **Kapitel „Formen"** umreißt die Gattungen Lyrik, Epik und Dramatik, ergänzt durch ein Kapitel zu Sachtexten und Essays.
- Das Wichtigste zu den **Aufsatzarten** fasst das gleichnamige Kapitel zusammen. Hier finden Sie auch eine hilfreiche Übersicht über die häufigsten rhetorischen Mittel. Das Kapitelende bietet einen Überblick über die möglichen **Aufgabenarten** in der Abschlussprüfung.
- Im **Kapitel „Themen"** erhalten Sie Basisinformationen zu den literarischen Epochen vom Barock bis zur Gegenwart sowie Grundlagenwissen zu aktuellen Themen, die häufig in den Abiturprüfungen aufgegriffen werden.
- Wichtige **Definitionen** sind jeweils durch einen grauen Balken am Rand gekennzeichnet. Zentrale Begriffe werden durch **Fettdruck** hervorgehoben.
- **Beispiele** verdeutlichen an vielen Stellen das allgemein Gesagte und konkretisieren es. Zusammenfassende **Schaubilder** sorgen für eine anschauliche Darstellung und erleichtern so das Lernen.
- Mithilfe des **Stichwortverzeichnisses** finden Sie schnell die gesuchten Begriffe.

Die Autoren und der Verlag wünschen Ihnen eine gute Vorbereitungsphase und viel Erfolg in der Abschlussprüfung!

Formen

1 Lyrik

Lyrische Werke, also **poetische Texte** in **gebundener (Vers-)Sprache**, nennt man **Gedichte**. Sie bringen mithilfe formaler sprachlicher Mittel Gefühlslagen, Stimmungen, Gedanken und weltanschauliche Perspektiven zum Ausdruck, häufig vermittelt durch ein **lyrisches Ich** (vgl. S. 6).

Das inhaltliche Spektrum von Gedichten umfasst alle Bereiche der menschlichen Existenz. Lyrik entsteht durch die sprachliche Gestaltung **seelischer Vorgänge**, die aus (erlebten) Begegnungen mit der Welt resultieren. Durch die Verwandlung in Sprache wird das Erlebnis aus dem subjektiven und individuellen Bereich auf eine **überindividuelle**, symbolische Ebene gehoben.
Seit dem 20. Jahrhundert sind lyrische Texte auch in ungebundener, freier Form verbreitet. Das heißt, man verzichtet auf klassische poetische Mittel wie Reim oder Versmaß und verwendet **freie Rhythmen** (vgl. S. 7).
Das **Verhältnis zwischen Subjekt und Objekt** ist je nach Art der Lyrik sehr unterschiedlich: So steht in der **Stimmungslyrik** das subjektive Empfinden im Mittelpunkt; das Objektive löst sich auf, sodass lyrisches Ich und Wirklichkeit miteinander verschmelzen. Ähnlich geartet ist die **Erlebnislyrik**, die aber auch eine bewusste Einstellung des lyrischen Ich gegenüber der dargestellten Wirklichkeit ausdrückt. Das **Dinggedicht** konzentriert sich dagegen vornehmlich auf einen bestimmten Gegenstand, ist also losgelöst vom Subjekt.

Allgemeine **Kennzeichen** von Lyrik sind:
- Kürze
- Anwendung von **Formprinzipien** wie Rhythmus, Metrum, Reim oder Strophenform
- Kunstvolle **Struktur**
- Sinn- und bedeutungsintensive **sprachliche Verdichtung**, die sich in der Regel einem schnellen Verständnis entzieht
- Stark gehäufte Verwendung **rhetorischer Mittel**

1.1 Richtungen der Lyrik

Naturlyrik

Dabei handelt es sich um eine Sammelbezeichnung für alle Formen der Lyrik, deren Zentralmotive Naturerscheinungen (Landschaft, Wetter, Tier- und Pflanzenwelt) sind und die auf dem **Erlebnis der Natur** aufbauen. Ursprünglich häufig religiös als Gottes Schöpfung interpretiert, wird die Natur seit dem Sturm und Drang zunehmend in einen Gegensatz zur menschlichen Zivilisation oder in Beziehung zur Gefühlswelt gesetzt.

Politische Lyrik

Sie verfolgt ein bestimmtes politisches Ziel durch Aufklärung, **Agitation** und **Anklage**. Da sie vor allem verständlich sein will, ist sie eher einfach aufgebaut und weist eine eingängige sprachliche Gestaltung mit Parolen, Refrain und Reimen auf.

Liebeslyrik

Liebeslyrik als **Gefühlspoesie** ist diejenige Richtung, auf welche die Kategorien der Subjektivität, der Stimmung und des Erlebnisses in besonderem Maße zutreffen.

Großstadtlyrik

Großstadtlyrik war eine zu Beginn des 20. Jahrhunderts, vor allem im **Expressionismus**, beliebte Form, in der die Großstadt als Sinnbild der Moderne dient. Behandelt werden Aspekte wie die Stadt als Ort gesteigerter Lebensintensität, aber auch Anonymität, Vermassung, soziales Elend und das ohnmächtige Individuum.

Gedankenlyrik

Die Inhalte kreisen im Allgemeinen um die großen Fragen aus **Philosophie**, Theologie und Anthropologie. Ihren Höhepunkt fand die Gedankenlyrik in der weltanschaulich-philosophischen Lyrik der Weimarer Klassiker.

Poetologische Lyrik

Poetologische Gedichte thematisieren das Dichten an sich, seinen Zweck und seine Möglichkeiten und Grenzen. Der Dichter reflektiert dabei oft seine Rolle als Autor und sein eigenes lyrisches Schaffen.

Gebrauchslyrik

Unter Gebrauchslyrik versteht man Gedichte, deren Produktionsabsicht auf einem **Anlass** beruht (Kirchenlied, Geburtstagsständchen, Poesiealbum-Spruch, Hochzeitsgedicht usw.). Die Gestaltung des Textes hat für Autor und Hörer/Leser keinen Selbstwert. Die ästhetische Verpackung ist zweitrangig, wenngleich jedoch nicht unerwünscht.

Exillyrik

Unter Exillyrik versteht man die Auseinandersetzung von Autoren, die aufgrund von Verfolgung und Ausgrenzung in ihrer Heimat freiwillig oder unfreiwillig ins **Ausland emigriert** sind, mit ihrer besonderen Lebenssituation. Thematisiert werden in den Werken z. B. Argumente für und gegen den Gang ins **Exil**, damit verbundene Befürchtungen und Ängste und schließlich die besondere Problematik des Lebens in der Fremde, z. B. Heimweh, Entwurzelung oder Identitätsverlust. Besonders schwer wiegt für Dichter bei der Emigration in ein Land mit einer anderen Muttersprache der **Verlust des „Werkzeugs Sprache“**.

Lyrik

Untergattungen
- Ballade
- Sonett
- Hymne
- Elegie
- Lied
- Ode

Richtungen
- Naturlyrik
- Politische Lyrik
- Liebeslyrik
- Großstadtlyrik
- Gedankenlyrik
- Gebrauchslyrik
- Exillyrik

1.2 Untergattungen der Lyrik

Ballade

Eine Ballade ist ein mehrstrophiges **erzählendes** Gedicht, in dem meist mittelalterlich-märchenhafte, antike oder zeitgenössische Stoffe aufgegriffen werden. Die Handlung entwickelt sich dramatisch hin zu einem pointierten Schluss.

Beispiel

- *Die Bürgschaft; Der Handschuh* (F. Schiller)
- *Der Zauberlehrling* (J. W. v. Goethe)

Sonett

Das Sonett war z. B. im **Barock** beliebt (Hintergedanke: chaotische Lebenswelt durch strenge Form „bändigen“). Es besteht aus genau **14 Verszeilen**, die auf zwei Vier-Vers-Strophen (Quartette), gefolgt von zwei Drei-Vers-Strophen (Terzette) verteilt sind. Versmaß ist meist der fünfhebige Jambus, während der Barockzeit der **Alexandriner** (vgl. S. 7). Das häufigste Reimschema lautet abab abab ccd eed.

Beispiel

- *Tränen des Vaterlandes* (A. Gryphius)
- *Entdeckung an einer jungen Frau* (B. Brecht)

Hymne

Im feierlichen Preis- und **Lobgesang** einer Hymne wird Begeisterung ausgedrückt. Hymnen sind in **freien Rhythmen** (vgl. S. 7) verfasst, weisen keine formalen Regelmäßigkeiten auf, haben keinen Reim oder festen Strophenbau. Sie sind verwandt mit der Ode (vgl. S. 5), die aber „gedämpfter“ und weniger feierlich ist.

Beispiel

- *Prometheus; Ganymed* (J. W. v. Goethe)
- *Andenken; Patmos* (F. Hölderlin)

Elegie

Diese antike Gedichtform ist in **Distichen** (Verspaar, das aus einem Hexameter und einem Pentameter besteht; vgl. S. 7) verfasst. Sie behandelt meist traurige, **klagende** und sehnsuchtsvolle Themen.

Beispiel

- *Römische Elegien* (J. W. v. Goethe)
- *Duineser Elegien* (R. M. Rilke)

(Volks-)Lied

(Volks-)Lieder sind strophisch gegliedert und zum Singen geeignet. Häufig weisen sie eine schlichte Sprache auf. Die üblicherweise vierversige Volksliedstrophe ist gekennzeichnet von einem drei- oder vierhebigen jambischen Versmaß sowie in der Regel einem Kreuz- oder Paarreim.

Beispiel

- *Der Lindenbaum (Am Brunnen vor dem Tore)* (W. Müller)
- *In einem kühlen Grunde* (J. v. Eichendorff)

Ode

Oden sind strophisch gegliedert, meist reimlos und in **antiken Versmaßen** verfasst (ab dem 18. Jahrhundert auch freie Rhythmen). Sie zeichnen sich aus durch einen weihevollen, zuweilen auch enthusiastischen Ton.

Beispiel

- *Ode an die Freude* (F. Schiller)
- *An die Parzen* (F. Hölderlin)

1.3 Gedichtanalyse

Zentral für die Gedichtanalyse ist es, stets den **Zusammenhang** von Formelementen, Sprache und Inhalt herzustellen, um zu nachweisbaren Deutungen gelangen zu können. Neben Inhaltswiedergabe und Deutung müssen dafür folgende Aspekte beachtet werden:

Lyrisches Ich

Der Sprecher im Gedicht entspricht dem Erzähler in epischen Texten und ist wie dieser ein **fiktives Phänomen**, das nicht mit der Person des Autors gleichzusetzen ist. Diesen Sprecher bezeichnet man als lyrisches Ich. Zwar kommt es vor, dass ein Autor seine eigenen Empfindungen und Gedanken durch das lyrische Ich ausdrückt, allerdings muss dies nicht so sein. Auch wenn keine Sprecherfigur explizit auftritt (man spricht von einem **verdeckten Sprecher**), wird der Text noch immer aus einer bestimmten **Perspektive** formuliert. Deshalb müssen Standort und Haltung des Sprechers immer analysiert werden.

Vers und Strophe

Alle lyrischen Texte sind in Versen verfasst. Das bedeutet, dass die Zeile, die **Vers** genannt wird, an einer vom Autor bestimmten und bewusst gewählten Stelle abbricht. Beim **Zeilenstil** fallen Versende und Satzende zusammen, sodass am Ende des Verses eine natürliche Pause entsteht. Beim **Enjambement**, dem Zeilensprung, wird der Satz im nächsten Vers weitergeführt und es entsteht keine Pause am Zeilenende. Bei einer auffälligen Häufung von Zeilensprüngen spricht man vom **Hakenstil**.

Die Zusammenfassung einer bestimmten Anzahl von Versen zu einer metrischen Einheit nennt man **Strophe**. Gedichte können eine feste Strophenform aufweisen, z. B. besteht das Sonett immer aus vier Strophen. Lieder haben meist mehrere gleich gebaute Strophen, die häufig durch eine regelmäßig wiederkehrende Gruppe von Versen **(Refrain)** gegliedert sind. Falls weder Reime noch ein regelmäßiger Rhythmus oder eine strophische Gliederung vorliegen, die optische Struktur jedoch zeigt, dass es sich nicht um Prosazeilen handelt, sollte man nicht von Strophen, sondern von **Abschnitten** des Gedichts sprechen.

Metrum und Kadenz

Die innere Lautstruktur vieler Gedichte entsteht durch die regelmäßige Abfolge von betonten Silben **(Hebungen)** und unbetonten Silben **(Senkungen)**, die das **Metrum bzw. Versmaß** eines Gedichts ausmacht. Das Versmaß besteht aus zwei oder mehreren **Versfüßen**, die zweihebig, dreihebig etc. sein können. Gezählt werden nur die Hebungen, sodass ein Wegfall einer Senkung am Versende (bei Trochäus und Daktylus) bzw. eine zusätzliche Senkung (bei Jambus und Anapäst) keine Auswirkung auf die Wertigkeit des Versmaßes hat. Zur Bestimmung des Versmaßes beginnt man mit dem Jambus und orientiert sich bei mehrsilbigen Wörtern an der **Stammsilbenbetonung**.

	Zweisilbige Versfüße	Dreisilbige Versfüße
↗ Steigend	**Jambus** *Gewaltig endet so das Jahr* (Trakl) x x́ / x x́ / x x́ / x x́	**Anapäst** *Wie mein Glück, ist mein Lied* (Hölderlin) x x x́ / x x x́
Fallend ↘	**Trochäus** *In den Wald bin ich geflüchtet* (Meyer) x́ x / x́ x / x́ x / x́ x	**Daktylus** *Seltsam im Nebel zu wandern* (Hesse) x́ x x / x́ x x / x́ x

Endet ein Vers mit einer betonten Silbe, nennt man den Versausgang (die **Kadenz**) **männlich** bzw. **stumpf**. Bei einer unbetonten Silbe spricht man von einer **weiblichen** bzw. **klingenden** Kadenz.
Durch die Verwendung eines festen Metrums wird der Sprachfluss gegliedert und erhält einen regelmäßig sich wiederholenden **Takt**. Eine oder mehrere unbetonte Silben vor dem ersten Takt heißen **Auftakt**.

Wichtige **Kombinationen:**

- **Alexandriner:** sechshebiger jambischer Vers mit Mittelzäsur:
  xx́/xx́/xx́ // xx́/xx́/xx́
  Was dieser heute baut/reißt jener morgen ein
  (Gryphius: *Es ist alles eitel*)
- **Blankvers:** reimloser fünfhebiger jambischer Vers: xx́/xx́/xx́/xx́/xx́
  Hier steht er nun, und grauenvoll umfängt
  Den Einsamen die lebenlose Stille
  (Schiller: *Das verschleierte Bild zu Sais*)
- **Antike Formen:** am bekanntesten sind **Hexameter** (x́xx/x́xx/x́xx/x́xx/x́xx/x́x) und **Pentameter** (x́xx/x́xx/x́ // x́xx/x́xx/x́)

Weist ein Gedicht kein regelmäßiges metrisches Schema auf, so spricht man von **freien Rhythmen**.

Reim

Am häufigsten ist der **Endreim**, also der Gleichklang von mindestens zwei Versenden. Außerdem gibt es noch den **Binnenreim**, bei dem Wörter innerhalb eines Verses einen Reim bilden, und den **Anfangsreim**, bei dem sich die ersten Worte zweier oder mehrerer Verse reimen. Beim Endreim unterscheidet man folgende Reimschemata:

- **Paarreim:** zwei aufeinanderfolgende Verse reimen sich (aabb)
- **Kreuzreim:** zwei sich kreuzende Verse reimen sich (abab)
- **Umarmender** oder umschließender **Reim:** ein Paarreim wird von zwei sich reimenden Versen umschlossen (abba)
- **Schweifreim:** eine Mischung aus Paarreim und umarmendem Reim (aabccb)

Die Zuweisung der Buchstaben geschieht für jeden Reim charakteristisch, d. h., einer Kreuzreimstrophe abab folgt die nächste mit cdcd, wenn ihre Reime andere Klänge zeigen. Bei sich wiederholenden Klängen sind Mischformen möglich (z. B. acac). Ein einzelner Vers ohne Reimpartner ist eine **Waise** (x).

Rhythmus und Klang

Gedichte weisen einen Rhythmus auf, der neben dem metrischen Schema durch die **Betonung**, das **Sprechtempo** und die **Sprechpausen** entsteht (z. B. fließender oder stockender Rhythmus). Dies bietet Raum für die Interpretation eines Textes durch den Sprecher. Daneben wirkt sich der Klang der Wörter auf den akustischen Eindruck eines Gedichts aus. Der Klang entsteht durch die auftretenden **Vokale** und **Diphthonge**, die hell *(i, e, ei, eu)* oder dunkel *(a, au, u, o)* klingen können. Entsprechend vermitteln sie eine heitere oder düstere Stimmung. Auch **Stilmittel** wie die Alliteration (vgl. S. 30) prägen den Klang.

Bildlichkeit

Neben den verschiedenen **Stilmitteln** (vgl. S. 30 f.) zeichnen sich Gedichte durch die häufige Verwendung sprachlicher Bilder aus. Ihre **Mehrdeutigkeit** regt die Fantasie und Interpretation der Leser an und intensiviert deren Vorstellungen bei der Lektüre. Entziehen sich solche Bilder einer Deutung, so spricht man von **Chiffren**.

2 Epik

Mit dem Begriff **Epik** wird erzählende Dichtung in **Prosa** (teilweise auch in **Versen**) bezeichnet. In epischen Texten wird ein meist in der Vergangenheit liegendes fiktives Geschehen durch einen **Erzähler** vermittelt. Das Erzähltempus ist daher in der Regel das **Präteritum**, seltener das Präsens. Es gibt verschiedene Gattungen der Epik, die sich jeweils durch spezifische Kennzeichen voneinander unterscheiden.

Gattungen der Epik

Kleinformen:
- Novelle
- Erzählung
- Kurzgeschichte

Großformen:
- Roman
- Epos

Volkstümliche / lehrhafte Formen:
- Märchen
- Fabel
- Parabel

2.1 Epische Kleinformen

Novelle

Um 1800 begann in der deutschen Literatur die Auseinandersetzung mit der Novelle. Goethe bezeichnete sie als „eine sich ereignete **unerhörte Begebenheit**", während Ludwig Tieck insbesondere das Auftreten eines überraschenden „**Wendepunkts**" betont.

Durch Romantik und Realismus gewann die Novelle mit ihren spezifischen **Kennzeichen** stark an Bedeutung:

- Einzelner, häufig ungewöhnlicher und unlösbar erscheinender Konflikt im Mittelpunkt
- Klare und überschaubar konstruierte Handlung
- Dramatisch zugespitzte Erzählweise
- Überraschender Wendepunkt
- Häufig von einer **Rahmenhandlung** umschlossen
- Verwendung eines **Leitmotivs** (Dingsymbol bzw. „Falke", benannt nach Boccaccios Falkennovelle)

Beispiel

- *Die Judenbuche* (A. v. Droste-Hülshoff)
- *Der Schimmelreiter* (T. Storm)
- *Im Krebsgang* (G. Grass)

Erzählung

Die Erzählung ist nicht nach exakt festgelegten Kriterien zu bestimmen. Häufig **überschneidet sie sich mit anderen Gattungen** (Kurzgeschichte, Roman, Novelle, Märchen, Anekdote usw.) und wird deshalb oft in Abgrenzung zu diesen definiert:

- Gilt als kürzer, weniger figur- und ideenreich und nicht so komplex wie ein Roman
- Dreht sich im Gegensatz zur Novelle in der Regel nicht um ein Hauptereignis und ist meist nicht so straff erzählt
- Im Vergleich zur Kurzgeschichte umfangreicher, weniger pointiert

Normalerweise wird der Handlungsverlauf einer Erzählung **chronologisch** und durchgängig **aus einer Perspektive** vorgestellt. Zwar können Rückblenden vorkommen, doch werden diese meist in Briefform oder als Erinnerung direkt in die Handlung integriert.

Beispiel

- *Kassandra* (Christa Wolf)
- *Tonio Kröger* (T. Mann)
- *Die verlorene Ehre der Katharina Blum* (H. Böll)

Kurzgeschichte

Nach dem Vorbild amerikanischer *Short Storys* entfaltete sich die Gattung Kurzgeschichte in Deutschland vor allem nach 1945. In **prägnanter Sprache** wird ein knappes Ereignis dargestellt, das charakteristisch oder prägend für ein menschliches Schicksal ist. Auf einen **unvermittelten Beginn** folgen eine gedrängte Steigerung der Handlung und ein meist **offener Schluss** mit überraschender Wendung. Die Figuren sind oft typisiert. Thematisch standen in den ersten Nachkriegsjahren meist das Kriegserlebnis bzw. das **Leben im zerstörten Deutschland** im Zentrum der Geschichten. Später weiteten sich die Themen auf andere gesellschaftliche Aspekte aus.

Beispiel

- *Nachts schlafen die Ratten doch; Die Küchenuhr; Das Brot; Die drei dunklen Könige* (W. Borchert)
- *Wanderer kommst du nach Spa …* (H. Böll)

2.2 Epische Großform: Roman

Romane handeln typischerweise vom Schicksal einer Person oder einer Gruppe von Menschen. Dieses Schicksal wird mehr oder weniger ausschweifend und in **größeren Zusammenhängen** geschildert.
Im Gegensatz zum Epos tritt im Roman verstärkt eine **individuell gestaltete Persönlichkeit** einer als problematisch empfundenen Welt entgegen. Der **Konflikt zwischen Individuum und Gesellschaft** ist häufig ein zentrales Motiv und wird mit wechselnden Außen- und Innenperspektiven verdeutlicht. Im Unterschied zur Novelle gibt es im Roman meist kein herausgehobenes Ereignis in Form eines dramatischen Höhe- oder Wendepunktes. Stattdessen bildet ein umfassender Ausschnitt aus dem Leben einer Person mit ihrem sozialen Umfeld den Inhalt. Allgemeine **Kennzeichen** von Romanen sind:

- ein großer Umfang,
- eine mehrsträngige und komplexe Handlung mit unterschiedlichen, miteinander verwobenen Ebenen,
- eine Fülle von Zeitebenen und Schauplätzen,
- ein umfangreiches Figurenensemble.

Romantypen

Man unterscheidet zwischen verschiedenen Romantypen, die sich z. T. durch inhaltliche, z. T. durch formale Kriterien auszeichnen.

- **Bildungs- bzw. Entwicklungsroman:** Darstellung der geistigen und charakterlichen Entwicklung des Helden und seiner Integration in die Gesellschaft
- **Briefroman:** besteht ausschließlich oder überwiegend aus fingierten (erfundenen) Briefen und erlaubt daher eine intensive Darstellung von Gedankengängen und geistigen Entwicklungen aus der Ich-Perspektive

- **Detektivroman bzw. Kriminalroman:** Aufdeckung eines Verbrechens durch einen Detektiv
- **Fantasyroman:** handelt von magischen, geheimnisvollen, zauberhaften Traumwelten
- **Gesellschaftsroman:** schildert das gesellschaftliche Leben einer bestimmten Epoche
- **Historischer Roman:** ein Roman, der von geschichtlichen Ereignissen und historischen oder fiktiven Personen handelt
- **Schelmenroman:** der Held stammt aus einfachen Verhältnissen und schlägt sich mit Listen und Tricks durchs Leben
- **Schlüsselroman:** reale Personen und Ereignisse werden mehr oder minder verschlüsselt dargestellt, können vom Leser aber oft leicht entschlüsselt und erkannt werden
- **Utopischer Roman:** stellt einen Gegenentwurf zu realen gesellschaftlichen und politischen Gegebenheiten dar

Beispiel

- *Wilhelm Meisters Lehrjahre* (Bildungs- bzw. Entwicklungsroman v. J. W. v. Goethe)
- *Die Leiden des jungen Werthers* (Briefroman v. J. W. v. Goethe)
- *Der Richter und sein Henker* (Kriminalroman v. F. Dürrenmatt)
- *Der Herr der Ringe* (Fantasyroman v. J. R. R. Tolkien)
- *Die Buddenbrooks* (Gesellschaftsroman v. T. Mann)
- *Der Name der Rose* (historischer Roman v. U. Eco)
- *Bekenntnisse des Hochstaplers Felix Krull* (Schelmenroman v. T. Mann)
- *Erfolg* (L. Feuchtwanger); *Mephisto* (K. Mann) (Schlüsselromane)
- *1984* (utopischer Roman v. G. Orwell)

2.3 Volkstümliche und lehrhafte Formen

Märchen

Märchen sind meist kürzere fantastische Prosaerzählungen, die entweder mündlich überliefert sind und später aufgezeichnet wurden (**Volksmärchen**) oder von einem Autor erfunden sind (**Kunstmärchen**). Kennzeichen sowohl von Volks- als auch von Kunstmärchen sind:

- Ort und Zeit bleiben im Dunkeln
- Tiere und Pflanzen können menschliche Eigenschaften annehmen
- Es wirken übernatürliche Kräfte
- Fantasiewesen wie Zwerge, Riesen oder Feen treten auf
- Gut und Böse sind klar voneinander getrennt
- Am Ende siegt das Gute und das Böse unterliegt
- Verwendung magischer Zahlen, z. B. 3, 7 oder 12

Beispiel

- *Kinder- und Hausmärchen* (Brüder Grimm)
- *Peter Schlemihls wundersame Geschichte* (A. v. Chamisso)

Fabel

In der Fabel agieren meist **Tiere**, die menschliche Eigenschaften besitzen und durch typische Handlungen eine moralische Lehre vermitteln. Weitere Kennzeichen von Fabeln sind:

- Es gibt keine charakterliche Veränderung; die Tier-Eigenschaften sind klar verteilt und typisiert
- Menschliche Eigenschaften werden oftmals satirisch aufgegriffen und dadurch verdeutlicht oder übertrieben
- Häufig werden charakterliche Schwächen wie Gier, Neid oder Eitelkeit angeprangert
- Zeit und Ort des Geschehens werden meist nicht genau benannt
- Fabeln sind meist kurz und bestehen nur aus wenigen Sätzen
- Der Aufbau der Fabel ist dreigeteilt in Ausgangssituation, (Streit-)Gespräch und Lösung; die Lösung beinhaltet in der typischen Fabel eine belehrende Moral

Beispiel

- *Das Lamm und der Wolf* (Äsop)
- *Der Rabe und der Fuchs* (J. de La Fontaine)
- *Der Löwe mit dem Esel* (G. E. Lessing)

Parabel

In einer Parabel wird eine Handlung als **Gleichnis** erzählt, das den Leser belehrt. Die Verbindung zwischen dem Erzählten und der beabsichtigten Aussage bzw. Lehre muss der Leser selbstständig finden. Die Parabel verzichtet, anders als die Fabel, auf eine explizite Moral, die das Gleichnis erklärt.

Beispiel

- *Andorra* (M. Frisch)
- *Vor dem Gesetz* (F. Kafka)

2.4 Epik-Analyse

Der Erzähler

Der Erzähler ist eine vom Autor erfundene, fiktive Person, die dem Leser die Handlung auf völlig unterschiedliche Art und Weise vermitteln kann. Sie darf keinesfalls mit dem Autor des Textes gleichgesetzt werden. Folgende Gestaltungsmittel des Erzählers werden unterschieden:

Erzählform
Es existieren zwei verschiedene Formen von Erzählern:

- Der **Ich-Erzähler** ist eine konkret fassbare Figur, die aber nicht unbedingt direkt am Geschehen beteiligt sein muss
- Der **Er-Erzähler** ist nicht als Person direkt greifbar, sondern erzählt von außerhalb und beschreibt die Erlebnisse anderer (kann sich aber kommentierend einmischen)

Erzählsituation bzw. Erzählverhalten
Unabhängig davon, ob die Er- oder die Ich-Form vorliegt, kann sich der Erzähler unterschiedlich zum Geschehen verhalten. Es ist durchaus möglich, dass sich im Laufe der Handlung das Erzählverhalten ändert und es zu Mischformen kommt; dies gilt insbesondere für moderne Texte. Generell unterscheidet man zwischen

- dem **auktorialen oder allwissenden Erzähler:** Er steht außerhalb des Geschehens, verfügt frei über die Handlung und die Personen, kennt die Vor- und Nachgeschichte der Handlung, mischt sich ein, kommentiert das Geschehen und gibt Einblicke in das Innere der Figuren.

- dem **personalen Erzähler:** Er erzählt aus der Perspektive einer Figur und versetzt sich in deren Gedanken und Gefühle. Dadurch ist die äußere Wahrnehmung begrenzt. Allerdings können Bewusstseinszustände dargestellt werden. Typisch für den personalen Erzähler sind der **innere Monolog** und die **erlebte Rede** (vgl. unten).
- dem **neutralen Erzähler:** Dieser ist als Figur nicht fassbar, bezieht keine Stellung und erzählt eher berichtend und aus der Distanz vom Geschehen.

Erzählperspektive
Unter Erzählperspektive versteht man, von welchem „Standort" der Erzähler auf das Geschehen blickt. Man unterscheidet zwischen der Innensicht und der Außensicht. Bei der **Innensicht** blickt der Erzähler in das Innere der Figuren hinein, bei der **Außensicht** gibt er nur äußerlich Wahrnehmbares wieder.

Erzählhaltung bzw. Erzählstandpunkt
Ertragreich für die Interpretation ist auch die Analyse der Haltung, die der Erzähler zum Geschehen oder zu den Figuren einnimmt. So kann er kritisch, ironisch oder ablehnend erzählen oder aber begeistert, zustimmend und wohlwollend. Er kann Mitgefühl oder Kritik zum Ausdruck bringen, schwankend oder eindeutig zu seinen Figuren stehen.

Weitere zu untersuchende Aspekte

Darbietungsformen
Man unterscheidet verschiedene Darbietungsformen des Erzählens. So kann der Erzähler knapp und nüchtern berichten, breit und ausführlich beschreiben oder Figuren reden lassen. Hier unterscheidet man zwischen verschiedenen Formen der Figurenrede:

- **Direkte Rede**
- **Indirekte Rede**
- **Erlebte Rede** (Kennzeichen: 3. Person Indikativ; episches Präteritum; Wegfall von „sagte er", „dachte sie" o. Ä.; Wiedergabe von Bewusstseinsregungen)
- **Innerer Monolog** (Kennzeichen: Ich-Form; Präsens; Abfolge von Gedanken, Assoziationen und Empfindungen)
- **Bewusstseinsstrom**, in dem die Gedanken frei und assoziativ fließen, häufig unter Auflösung der Syntax, zeitdehnend

Zeitstruktur
Die Zeitstruktur kann unterschiedlich gestaltet sein:

- Die Handlung wird kontinuierlich in der Chronologie der Ereignisse und in einem Strang erzählt.
- Die Handlung wird diskontinuierlich erzählt, d. h., der Handlungsverlauf wird unterbrochen durch Rückblenden und Vorausdeutungen.
- Es existieren mehrere ineinander verwobene Handlungsstränge, die sich zeitlich überlagern können bzw. parallel oder verschränkt erzählt werden.

Figurendarstellung
Hier untersucht man:

- die **Figurenkonzeption** (Kennzeichnung der Einzelfigur, z. B. äußere Merkmale, Verhalten, Entwicklungs-/Wandlungsfähigkeit)
- die **Figurenkonstellation** (Beziehungsgeflecht der Figuren)

Zeitgestaltung

- Erzählzeit (= Dauer des Erzählens/Lesens) < erzählte Zeit (= Dauer des erzählten Vorgangs): **Zeitraffung**
- Erzählzeit = erzählte Zeit: **Zeitdeckung**
- Erzählzeit > erzählte Zeit: **Zeitdehnung**

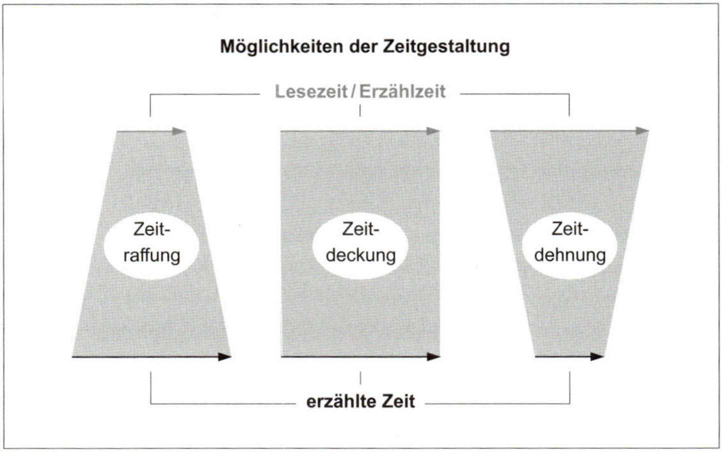

3 Drama und Dramentheorie

Die Gattung Drama lässt sich grob in zwei Kategorien einteilen: auf der einen Seite das klassische bzw. geschlossene Drama, auf der anderen Seite Entwürfe, die sich inhaltlich oder formal davon abgrenzen.

3.1 Das klassische bzw. geschlossene Drama

Die Theorie des klassischen Dramas basiert auf den Werken der griechischen Antike **(aristotelisches Theater)** und wurde in der Zeit der französischen Klassik (1660–1715) entwickelt. In der deutschen Literatur gewann sie durch die **Weimarer Klassik** (vgl. S. 56 ff.) zentrale Bedeutung.

Kennzeichen

- **Geschlossene Form:** Die Handlung stellt eine zusammenhängende Reihe von Begebenheiten dar, in der jeder Teil und jede Einzelheit zueinander in Beziehung gebracht werden können.
- **Typische Charaktere:** Die Handlungsträger sollen die Konflikte im Rahmen der sittlichen Normen bewältigen. Dabei agieren sie als **Ideenträger** und weniger als individuelle Persönlichkeiten.
- **Aufbau:** Die **Exposition** im ersten Akt führt den Zuschauer in die zeitlichen und örtlichen Verhältnisse ein und stellt die Personen vor. Mit dem zweiten Akt beginnt die steigende Handlung, die im dritten Akt ihren Spannungshöhepunkt erreicht und in eine andere Richtung umschlägt **(Peripetie)**. Im vierten Akt verzögert sich die fallende Handlung durch das **retardierende Moment**, bis es im fünften Akt mit der Katastrophe (Tragödie) bzw. dem Sieg des Helden zur Lösung des Konflikts kommt.
- **Inhalt und Aussageabsicht:** Behandelt werden Konflikte um die **sittlichen Grundwerte** wie Wahrheit, Aufrichtigkeit, Toleranz, Humanität oder Freiheit. Die Charaktere werden zu Verkörperungen von Ideen. Das klassische Drama will eine höhere Wirklichkeit darstellen und den Zuschauer zu einem besseren Menschen erziehen.

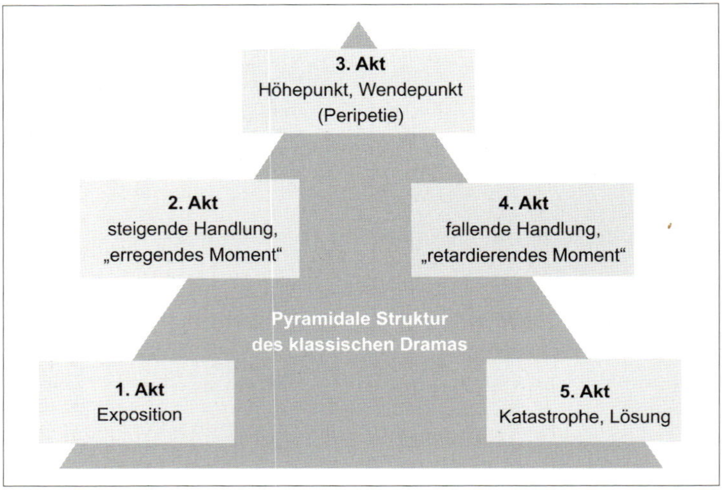

- **Sprache:** Die Personen bedienen sich einer gebundenen Sprache, in der Regel des **Blankverses** (vgl. S. 7). Die Sprachebene ist hoch und frei von mundartlichen Wendungen, Kraftausdrücken oder syntaktisch irregulären Gefühlsäußerungen. Häufig kommen **Sentenzen** vor, die einen Sachverhalt allgemeingültig ausdrücken. Es werden zahlreiche **rhetorische Stilmittel** verwendet, die der Sprache eine hohe Künstlichkeit verleihen.

Beispiel

- *Iphigenie auf Tauris; Torquato Tasso* (J. W. v. Goethe)
- *Maria Stuart; Don Karlos* (F. Schiller)

3.2 Gegenpositionen zum klassischen Drama

Georg Büchners Dramenfragment ***Woyzeck*** begründet die Form des **offenen Dramas**. Dieses verzichtet auf eine Einteilung in Akte und besteht aus kurzen bis kürzesten **Szenen**, deren Reihenfolge keinem strengen Aufbauschema folgt. Auch die Zahl der handelnden Personen ist nicht mehr auf wenige Helden und deren Gegenspieler beschränkt.

Merkmal	Geschlossenes Drama	Offenes Drama
Gegenstand	Repräsentativer Ausschnitt der Welt	Die erfahrbare Totalität in ihren Teilen
Aufbau	• Einheitlicher Aufbau • Fünf Akte, die chronologisch in Einzelszenen gegliedert sind • Abfolge von Exposition – Höhepunkt – Lösung	• Relativ freie Abfolge der Szenen, Bilder oder Stationen • Oft unvermittelter Einstieg mit offenem Ende
Handlung	• Zusammenhängender, einer kausalen Logik folgender Handlungsablauf	• Oft isolierte Szenenabfolge • Zusammenhang entsteht über Entwicklung der Figuren und Motive
Konflikt	• Eindeutiger Konflikt zwischen den handelnden Figuren	• Komplexe Konfliktkonstellation einer Figur mit anderen Figuren, ihrer sozialen Umwelt und sich selbst
Zeit	• Meist relativ kurze, überschaubare Zeitspanne (im Idealfall nur 24 Stunden) • Keine Zeitsprünge	• Längere Zeiträume • Zeitsprünge
Raum	• Möglichst wenige verschiedene Schauplätze	• Keine Einschränkung
Figuren	• Personen hohen Standes • Handlung wird durch das Agieren der Personen vorangetrieben • Meist positive Heldenfigur	• Figuren aller sozialen Schichten • Personen werden von ihren Trieben und äußeren Umständen geleitet • Häufig scheiternde „Antihelden“
Sprache	• Meist gebundene Sprache (festes Metrum und Reimschema) in Versform • Hoher, rhetorischer Stil	• Keine gebundene Sprache • Für die soziale Herkunft des Sprechenden typisch • Nicht unbedingt dem Schriftdeutschen entsprechend

Bürgerliches Trauerspiel

Das bürgerliche Trauerspiel entstand in der Zeit der Aufklärung und des Sturm und Drang. Der Aufbau entspricht der Form des geschlossenen Dramas, doch gelten nun auch Bürgerliche als „tragikfähig“. Das bürgerliche Trauerspiel hatte zunächst den Konflikt zwischen einer **korrupten Welt des Adels** und einer sittlich, aber auch engstirnig denkenden Welt des Bürgertums zum Gegenstand. Im 19. Jahrhundert entwickelte Friedrich Hebbel die Form fort, indem nun die sittlichen Konflikte im **Bürgertum** selbst bzw. in der Enge der bürgerlichen Welt begründet sind. Die Sprache des bürgerlichen Trauerspiels ist die **Alltagssprache** des jeweils handelnden Milieus. Dadurch wird die beschränkte und subjektive Sichtweise der Akteure verdeutlicht.

Beispiel

- *Miss Sara Sampson; Emilia Galotti* (G. E. Lessing)
- *Kabale und Liebe* (F. Schiller)
- *Maria Magdalena* (F. Hebbel)

Soziales Drama

Das soziale Drama macht das Leben des **Proletariats**, das in der Zeit der **Industrialisierung** entsteht, zum Gegenstand der Handlung. Es ist eine Reaktion auf die sozialen Missstände im 19. Jahrhundert und wurde von der herrschenden Klasse als Aufruf zur Revolution verstanden und entsprechend bekämpft.

Die **Sprache** des sozialen Dramas ist differenziert, je nachdem, welchem Stand die handelnden Personen angehören. So verwendet Gerhart Hauptmann für *Die Weber* den schlesischen **Dialekt**, während die Angehörigen der herrschenden Klasse Hochdeutsch sprechen.

Beispiel

- *Woyzeck* (G. Büchner)
- *Die Weber; Die Ratten* (G. Hauptmann)

Episches Theater

Bertolt Brecht hat seine Theorie des epischen Theaters in Abgrenzung zum klassischen Theater entwickelt. Ziel ist eine Veränderung der gesellschaftlichen und politischen Zustände im Sinne der kommunistischen Ideologie.

Ein **erzählendes Element** tritt zwischen Publikum und Bühne und vermittelt die Handlung. Dadurch soll eine Identifikation des Zuschauers mit dem Geschehen und mit den Personen auf der Bühne verhindert werden. Das Geschehen soll vom Zuschauer als **veränderbar** erkannt werden. In der Inszenierung werden Mittel eingesetzt, die Einfühlung und Spannung unmöglich und das Stück als gespielt erkennbar machen. Am wichtigsten ist hier der Verfremdungs- bzw. **V-Effekt:**

- Der Schauspieler soll sich nicht in seine Rolle einfühlen, sondern **Distanz** zu ihr wahren.
- Die Handlung soll durch Songs, Vorwegnahme des Inhalts (etwa durch Spruchbänder) oder durch Kommentare durchbrochen werden.

Beispiel

- *Der kaukasische Kreidekreis; Der gute Mensch von Sezuan; Leben des Galilei; Herr Puntila und sein Knecht Matti* (B. Brecht)

Gegenüberstellung klassisches Theater – episches Theater (nach Bertolt Brecht)

Klassisches Theater	Episches Theater
Handelnd	Erzählend
Verwickelt den Zuschauer in eine Bühnenaktion	Macht den Zuschauer zum Betrachter
Verbraucht die Aktivität des Zuschauers	Weckt die Aktivität des Zuschauers
Ermöglicht dem Zuschauer Gefühle	Erzwingt vom Zuschauer Entscheidungen
Suggestion	Argument
Der Zuschauer nimmt am Geschehen unmittelbar Anteil	Der Zuschauer betrachtet das Geschehen von außen und studiert
Spannung auf den Ausgang gerichtet	Spannung auf den Gang der Handlung gerichtet
Lineare Handlungs- und Geschehensabläufe	Montage
Das Denken bestimmt das Sein	Das gesellschaftliche Sein bestimmt das Denken

Absurdes Theater

Das absurde Theater entstand nach dem Zweiten Weltkrieg und wollte die Absurdität der menschlichen Existenz durch **groteske Dramenhandlungen**, unkommunikative Figurensprache und verfremdende Darstellungsstrategien vorführen.
Es gibt keine kausale, psychologisch erklärbare oder auf einen Sinn zurückführbare Handlung – und dementsprechend keine Figuren, die üblichem menschlichen Verhalten entsprechen. Stattdessen wird ein

groteskes Geschehen präsentiert, bei dem die **Figurenidentität** mitunter ebenso **aufgelöst** ist wie eine Chronologie des Geschehens.
Dem entspricht auch die **Sprache** der „Figuren", die ihren **kommunikativen Charakter zumeist völlig verloren** hat: Man redet aneinander vorbei. Diese Sprache ist gleichwohl – unter poetischen Gesichtspunkten – sorgfältig gestaltet. Das gilt insbesondere für den Nebentext (und dessen Umsetzung auf der Theaterbühne).
Insofern stellt das absurde Theater das Geschehen **parabolisch** dar und deutet die Welt als absurd und sinnentleert.

Beispiel

- *Warten auf Godot* (S. Beckett)
- *Die Nashörner* (E. Ionesco)

Dokumentarisches Theater

In den 1960er-Jahren entstand das dokumentarische Theater. Dessen Ziel war es, durch **Aufklärung** über gesellschaftliche und politische Missstände **politische Wirksamkeit** zu entfalten. Erreicht werden sollte dies dadurch, dass man historisch-authentische Szenen oder Quellen unverändert auf die Bühne brachte. Die Leistung des Autors bestand im Wesentlichen in der Auswahl und Komposition der relevanten Textstellen.
Kennzeichen des dokumentarischen Theaters sind:

- Themen: historische sowie aktuelle politische und soziale Ereignisse
- **Authentisches Material** wie Protokolle als Textgrundlage
- Starke Reduzierung (selten Bühnenbilder, Individuen werden verallgemeinert)
- Analyse und thesenhafte Vereinfachung von Hintergründen, Verstrickungen und Verhaltensweisen
- Mittel des Protests (der Text kritisiert, kontrolliert und ergreift Partei)
- Instrument **politischer Meinungsbildung**
- Einsatz von Musik, Monologen oder Rückblicken

Beispiel

- *Der Stellvertreter* (R. Hochhuth)
- *In der Sache J. Robert Oppenheimer* (H. Kipphardt)
- *Die Ermittlung* (P. Weiss)

3.3 Dramenanalyse

Bei der Analyse von Dramentexten müssen verschiedene Aspekte berücksichtigt werden. Für die Interpretation werden die Ergebnisse der jeweiligen Fragestellungen dann aufeinander bezogen und miteinander verknüpft.

Handlungsverlauf

Man unterscheidet je nach Handlungsverlauf zwei unterschiedliche Typen von Dramen:
- **Zieldrama:** Vorfall am Anfang als Ausgangspunkt für Entfaltung der Handlung bis zur Katastrophe am Ende
- **Analytisches Drama:** schrittweise Enthüllung von Ereignissen, die bereits vor der Bühnenhandlung liegen und zur Katastrophe führen

Figurencharakteristik

Die Figuren treiben durch ihr Tun und ihre Aussagen die Handlung voran. Daher können sie anhand der **Regieanweisungen** und ihrer eigenen **Äußerungen** charakterisiert werden. Zentrale Fragestellungen sind dabei:
- Durchläuft die Figur im Laufe der Handlung eine **Entwicklung**?
- Verkörpert die Figur einen bestimmten **Typ** oder ist sie individuell gezeichnet?
- Was ist die **Vorgeschichte** der Figur vor dem Einsetzen der Handlung?
- Welche **äußeren Merkmale** (Alter, sozialer Status, Aussehen, Familienstand usw.) besitzt die Figur?
- Welche **Interessen** verfolgt die Figur?
- Welche **Charaktereigenschaften** werden deutlich?

Figurenkonstellation (Konfiguration)

Unter Figurenkonstellation versteht man das Beziehungsgeflecht zwischen den einzelnen Figuren. Dabei werden
- die soziale Stellung,
- die jeweiligen Interessen,
- die Einstellungen,
- die Absichten,
- die Erwartungen

der auftretenden Charaktere miteinander in Beziehung gesetzt.

Gesprächsanalyse

In einem Bühnenstück können verschiedene Gesprächssituationen vorliegen. Unter einem **Dialog** versteht man die wechselseitige Rede zwischen zwei oder mehr Personen, unter einem **Monolog** das Selbstgespräch einer einzelnen Figur. Indem die Personen durch Fragen, Antworten, Bitten, Befehle, Berichte usw. sprachlich miteinander agieren, wird die Handlung vorangetrieben.

Anhand ihrer sprachlichen Handlungen können die Figuren und ihr Verhältnis zueinander **charakterisiert** werden. Zu analysieren sind bei jeder Figurenrede

- die **Gesprächssituation** (Vorgeschichte, Ort, Zeit, Gesprächsanlass),
- die **Motive** und Interessen der Sprechenden,
- die Einstellungen und **Meinungen**, die durch die Äußerungen offenbart werden,
- die **Redeanteile** und das **Gesprächsverhalten** (aktiv oder passiv, aggressiv oder defensiv, offen oder verklausuliert, ehrlich oder geheuchelt usw.) der jeweiligen Gesprächspartner,
- die **Qualität** und das **Ergebnis** des Gesprächs (gelungene Kommunikation, Eskalation des Konflikts, Missverständnis usw.),
- der **Redestil** und die **Ausdrucksweise** (umgangssprachlich, vulgär, ironisch usw.).

Raum und Zeit

Zu berücksichtigen sind hier

- die **historischen Umstände** der Zeit des Geschehens (Dreißigjähriger Krieg, Absolutismus usw.),
- der **Umfang** und die **Abfolge** der gespielten Zeit (Zeitsprünge, Gleichzeitigkeit, Rückgriffe oder Vorausdeutungen),
- Anzahl und Abfolge der **Handlungsorte** (verschiedene Sphären wie z. B. adelige und bürgerliche Welt, drinnen und draußen, private und öffentliche Räume usw.).

4 Sachtexte

Sachtexte unterscheiden sich von literarischen Texten dadurch, dass sie einen bestimmten **Zweck** erfüllen. Deshalb werden sie auch pragmatische Texte, funktionale Texte oder **Gebrauchstexte** genannt. Sie werden geprägt durch ihren situativen und normativen **Kontext** und ihre **kommunikative Grundintention**.
Sachtexte erscheinen meist in Zeitungen und Zeitschriften, zunehmend auch im Internet. Daneben werden sie teilweise auch in Sammelbänden in Buchform herausgegeben. Man kann die verschiedenen Textsorten idealtypisch nach ihrer Intention unterscheiden.

4.1 Intentionen von Sachtexten

Sachtexte lassen sich ordnen nach dem Ziel, das durch sie erreicht werden soll.

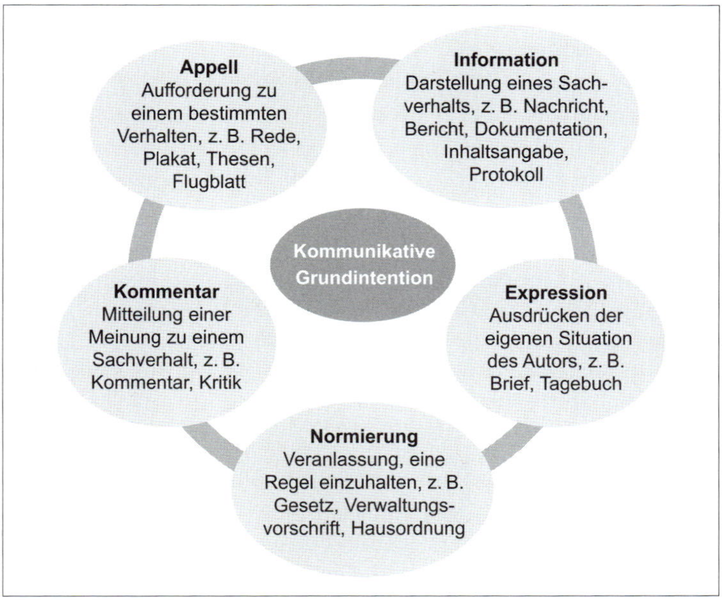

4.2 Prüfungsrelevante Formen journalistischer Sachtexte

Neben der zugrunde liegenden Kommunikationsabsicht wollen journalistische Texte ihre Leser in der Regel auch **unterhalten**.

Reportage

Unter einer Reportage versteht man einen informierenden Text, der neben berichtenden Elementen auch **persönlich gefärbte Erlebnisse** des Autors mit einbezieht. Diese werden durch Zitate, Beobachtungen und Empfindungen wiedergegeben. Die Sprache ist **lebendig** und anschaulich.

Kommentar

Ein Kommentar erörtert ein Geschehen, über das im Nachrichtenteil berichtet wird. Der Autor wird meist namentlich genannt und gibt seine **subjektive Sicht** wieder. Ein Kommentar argumentiert und appelliert, will also **meinungsbildend** wirken. Im Unterschied zur Erörterung muss der Kommentar als subjektive Textsorte eine Fragestellung nicht objektiv argumentativ von zwei Seiten beleuchten, wenngleich natürlich gegnerische Positionen widerlegt werden. Vielmehr stellt der Kommentator seine Sicht zum Thema oftmals provokant und verallgemeinernd dar. Auch sprachlich ist der Kommentar weniger sachlich formuliert, sondern üblicherweise **ironisch überspitzt bis polemisch.**

Glosse

Eine Glosse ist ein kurzer **ironischer Meinungstext**, der oft doppelbödig argumentiert. Er zeichnet sich durch eine anspruchsvolle sprachliche Gestaltung aus, die mit verschiedenen Stilebenen und zahlreichen Stilmitteln spielt.

Kritik und Rezension

Die **Kritik** behandelt **kulturelle Themen** wie Theateraufführungen, Konzerte, Fernsehsendungen und Ähnliches. Sie gibt immer die subjektive Meinung des Autors über das Thema wieder. Bewertet dieser Bücher oder Filme, wird seine Kritik als **Rezension** bezeichnet.

Essay

Unter einem Essay versteht man eine Abhandlung über einen wissenschaftlichen Gegenstand oder eine aktuelle Frage des geistigen, kulturellen oder politischen Diskurses. Dabei wird nicht der Anspruch erhoben, feststehende und objektive Aussagen zu treffen. Deshalb verzichtet diese Textsorte auf eine systematische oder erschöpfende Abhandlung und bietet stattdessen einen **subjektiven Zugang** des Autors zum Gegenstand. Sie bedient sich einer eher sprunghaft assoziativen Gedankenführung und ist in leicht zugänglicher, doch **stilistisch anspruchsvoller Form** geschrieben. Gelungene Essays zeichnen sich durch eine sprachliche Gestaltung aus, die sie in die Nähe zu literarischen Texten rückt. Die ebenso lockere wie geistvolle und unterhaltsame Schreibweise wird auch als feuilletonistisch bezeichnet, da diese Texte in Zeitungen häufig unter dem Ressort Feuilleton erscheinen.

Feature

Ein Feature trägt sowohl Merkmale einer **Reportage** als auch einer **Dokumentation** und weist daher eine dramaturgische Gestaltung, technische Kunstfertigkeit und eine große Vielfalt sprachlichen Ausdrucks auf. Abstrakte Sachverhalte und berichtende Informationen werden illustriert durch **konkrete Beispiele**, Schilderung von Szenen und wörtliche Zitate. Dies erleichtert die Verständlichkeit und Lesbarkeit. Die Sprache ist anschaulich und reportagenhaft und soll möglichst lebendig wirken. Ein Feature unterhält den Leser und liefert ihm Information, **Analyse** und **Interpretation** auch über schwierige Sachverhalte.

Leserbrief

Der Leserbrief ist die stark subjektive **schriftliche Reaktion** eines journalistischen Laien auf einen vorangegangenen Artikel oder Leserbrief. Er stellt daher im engeren Verständnis keine klassische journalistische Textsorte dar, ist aber gerade für die Meinungsbildung bedeutsam. Dem Kommentar stilistisch ähnlich wird in brieflicher Form einseitig Stellung genommen zu einem Thema, wobei zwar gegnerische Meinungen aufgegriffen werden, allerdings mehr, um diese zu kritisieren bzw. zu widerlegen. Sprachlich zeichnet sich der Leserbrief zumeist dadurch aus, dass er subjektiv und polemisch formuliert ist. Inhaltlich und stilistisch lassen sich diese Kriterien auch auf Mails zu Artikeln oder auf Kommentare unter Blogs und Online-Artikeln etc. anwenden.

Interview

Im Interview wird ein Experte oder eine Person der Öffentlichkeit zu einem spezifischen Sachverhalt befragt, der vom Privatleben bis zu Sachfragen reichen kann. Es zeichnet sich dadurch aus, dass die Fragen des Journalisten abwechselnd mit den Antworten des Interviewten abgedruckt werden. Interviews bieten einen guten Einblick in subjektive Ansichten und Meinungen des Befragten und lassen sich leicht am Druckbild erkennen.

Aufsatzarten

1 Analyseinstrumente

Unabhängig davon, ob die Interpretation eines literarischen oder eines pragmatischen Textes gefordert wird, gilt es, einige allgemeine Analysewerkzeuge zu kennen, die im Folgenden vorgestellt werden.

1.1 Sprachgestaltung

Bei der Textanalyse ist die Untersuchung der sprachlichen Gestaltung besonders wichtig. Dabei können die Texte nach folgenden Kategorien untersucht werden:

- **Sprachebene:** Hochsprache oder Dialekt, Umgangssprache, Fachsprache, Soziolekt (gruppenspezifische Sprache, z. B. Jugendsprache)
- Verwendung bestimmter **Wortarten** (z. B. Häufung von Adjektiven oder Nominalisierungen)
- Häufung bestimmter **Wortfelder** (sinnverwandte Wörter)
- Häufung bestimmter **grammatikalischer Formen**, z. B. Konjunktiv, Partizipien oder Passivkonstruktionen
- Häufung bestimmter **Satzkonstruktionen**, z. B. Ellipsen, Ausrufe oder Fragesätze
- Überwiegen eines **parataktischen** (Aneinanderreihung von Hauptsätzen) oder **hypotaktischen** (Unterordnung von Nebensätzen unter Hauptsätze) **Satzbaus**

Beispiel

- **Hypotaktischer Stil:** *„Als daher eines Tages seine Kinder von einer Reise nach Westpreußen dies junge Mädchen – sie war erst jetzt zwanzig Jahre alt – als eine Art Jesuskind mit sich ins Haus gebracht hatten, eine Waise, die Tochter eines unmittelbar vor Ankunft der Buddenbrooks in Marienwerder verstorbenen Gasthofsbesitzers, da hatte der Konsul für diesen frommen Streich einen Auftritt mit seinem Vater zu bestehen gehabt, bei dem der alte Herr fast nur Französisch und Plattdeutsch sprach […].“* (T. Mann: *Buddenbrooks*)

- **Parataktischer Stil:** „*Der alte Mann war dünn und hager und hatte tiefe Furchen im Nacken. Die braunen Flecken auf seinen Wangen waren gutartiger Hautkrebs, den die vom Tropenmeer reflektierte Sonne macht. Die Flecken bedeckten beide Seiten seines Gesichts, und an seinen Händen hatte das Hantieren mit schweren Fischen an der Leine tiefe Spuren hinterlassen. Aber keine dieser Narben war frisch. Sie waren so alt wie Erosionen in einer fischlosen Wüste. […]*" (E. Hemingway: Der alte Mann und das Meer)

1.2 Stilmittel (rhetorische Figuren)

Da die Stilmittel in der Regel in der antiken Rhetorik entwickelt wurden, tragen sie meist griechische oder lateinische Bezeichnungen. In der Folge wird eine Auswahl der wichtigsten rhetorischen Figuren aufgelistet.

Stilmittel	Definition	Beispiel
Alliteration	Mindestens zwei aufeinanderfolgende Wörter mit demselben Anfangslaut	*Milch macht müde Männer munter.*
Akkumulation	Anhäufung von ähnlichen Begriffen anstelle der Nennung eines Oberbegriffs	*Als schlechte Nichtigkeit, als Schatten, Staub und Wind* (A. Gryphius)
Allegorie	Bildliche Veranschaulichung eines abstrakten Begriffs, oft als spezielle, allgemein eingeführte Form der Personifikation	Amor für Liebe, Justitia für Gerechtigkeit
Anapher	Wiederholung eines Wortes oder Satzteils am Anfang mehrerer Verse oder Satzteile	*Aufgestanden ist er, welcher lange schlief. Aufgestanden ist er aus Gewölben tief.* (G. Heym)
Antithese	Gegenüberstellung	*Der Geist ist willig, aber das Fleisch ist schwach.*
Chiasmus	Überkreuzstellung von Satzgliedern	*Die Kunst ist lang, und kurz ist unser Leben.* (J. W. v. Goethe)
Ellipse	Auslassung eines Satzteils	*Was nun?* statt *Was ist nun zu tun?*

Euphemismus	Beschönigung	*vollschlank* statt *dick*, *freisetzen* statt *entlassen*
Hendiadyoin	Zwei Begriffe, die dasselbe meinen, aber erst gemeinsam die eigentliche Bedeutung des Ausdrucks bilden	*Grund und Boden, Hab und Gut, Saus und Braus*
Hyperbel	Starke Übertreibung	*ein Paar Augen, so groß wie Mühlräder* (H. C. Andersen)
Ironie	Aussage, die eigentlich etwas anderes meint als gesagt wird	*Das hast du wieder toll gemacht!* statt *Das hast du nicht gut gemacht.*
Klimax	Dreigliedrige Steigerung	*Ich kam, ich sah, ich siegte.*
Metapher	Bildlicher Vergleich	*Die Welt ruht still im Hafen* (J. v. Eichendorff)
Neologismus	Wortneuschöpfung	*Podcast, Teuro, guttenbergen* (für abschreiben)
Oxymoron	Zwei sich widersprechende Begriffe	*schwarze Milch* (P. Celan)
Onomatopoesie	Lautmalerei	*Es knattert und wummst.*
Paradoxon	Aussage mit unauflösbaren Widersprüchen	*Weniger ist mehr.*
Parallelismus	Gleichartiger Satzbau	*Wer jetzt kein Haus hat, baut sich keines mehr. Wer jetzt allein ist, wird es lange bleiben.* (R. M. Rilke)
Personifikation	Vermenschlichung von Nichtmenschlichem	*Gelassen stieg die Nacht an Land.* (E. Mörike)
Pleonasmus	Verbindung von Wörtern (oft Adjektiv und Substantiv), bei der die Bedeutung des einen Worts schon im anderen Wort enthalten ist	*kalter Schnee, weißer Schimmel; neu renoviert*
Symbol	Bild, das über sich selbst hinausweist	Taube für Frieden, Schildkröte für Langsamkeit
Synästhesie	Unterschiedliche Sinneseindrücke werden miteinander verbunden	*Golden wehn die Töne nieder* (C. Brentano)
Vergleich	Verknüpfung zweier Sachverhalte durch das Wort *wie*	*schön wie der Morgen*

2 Interpretation literarischer Texte

2.1 Elemente der Erschließung literarischer Texte

Die Untersuchung der unten aufgeführten Aspekte ist immer abhängig von der jeweiligen Aufgabenstellung, die meist die geforderten Schwerpunkte der Analyse nennt. Einige Elemente, wie die Inhaltszusammenfassung und die Sprachanalyse, sind jedoch unverzichtbar und sollten immer Teil einer Texterschließung sein.

Analyse des Inhalts

- Inhaltszusammenfassung
- Erstellen einer Figurencharakteristik
- Analyse der Figurenkonstellation
- Analyse von äußerer und innerer Handlung

Analyse des Aufbaus

- Äußerer Aufbau (Strophen und Verse bei Gedichten, Akte und Szenen bei Dramen, Erzählstruktur bei Prosawerken)
- Innerer Aufbau (antithetisch, steigernd, Gesprächsverlauf bei Dramenausschnitten)
- Zeitliche und räumliche Gestaltung

Analyse der sprachlichen Gestaltung

- Sprachebene
- Satzbau
- Wortwahl
- Symbolik
- Verwendung rhetorischer Figuren
- Bei Gedichten: Klang und Rhythmus

Wichtig: Sprachliche Phänomene sollen stets nicht nur festgestellt, sondern immer auch in ihrer Funktion und Wirkung beschrieben werden. In bestimmten, sicher aber nicht allen Fällen kann auch die dahinterstehende Absicht des Autors benannt werden.

Analyse der gattungstypischen Gestaltungsmittel

Vgl. hierzu die Kapitel zu den einzelnen Gattungen (S. 1 ff.).

Analyse der epochenspezifischen Merkmale

- Inhalt, Aufbau und Sprache können die typischen Merkmale einer Epoche aufweisen (vgl. hierzu die Kapitel zur Literaturgeschichte, S. 51 ff.). Diese sollten herausgearbeitet und benannt werden.
- Vorsicht: Mit der Entstehungszeit des Werkes oder dem Namen des Autors alleine kann keine Epochenzuweisung begründet werden! Kein Autor hat alle seine Werke streng nach den Kriterien einer Epoche verfasst; nie trugen alle Werke, die in einer bestimmten Zeit entstanden sind, auch die Merkmale der zu dieser Zeit vorherrschenden Epoche.

Interpretation

Bei der Interpretation werden die aus der Analyse gewonnenen Erkenntnisse aufeinander bezogen und zu einer **Deutung des Textes** zusammengefügt. Neben **subjektiven Elementen des Textverständnisses** fließen hier die **objektiven Analyseergebnisse** mit ein. Die in der Interpretation getroffenen Aussagen müssen daher stets **am Text belegt** werden. Neben den Erkenntnissen aus der Textanalyse können weitere, **textexterne Aspekte** für die Interpretation eine Rolle spielen, etwa Bezüge zur Biografie des Autors bzw. der Autorin, die politische, gesellschaftliche oder wirtschaftliche Situation zur Entstehungszeit des Werkes sowie Erkenntnisse der Psychologie.

Poetische Texte sind in der Regel **mehrdeutig**. Daraus folgt, dass eine Interpretation nie zwingend ist, sondern immer nur eine von mehreren Deutungsmöglichkeiten. Dennoch muss sie **plausibel** sein, d. h. der Leser muss die angeführten Argumente und Aspekte nachvollziehen können. Daher ist es wichtig, dass die Interpretation in sich schlüssig ist, sich die einzelnen Aussagen also nicht widersprechen und nicht im Widerspruch zum Text stehen.

Es ist möglich, die eigene Interpretation bis zu einem bestimmten Grad offenzuhalten. Außerdem kann man durchaus verschiedene Deutungsmöglichkeiten anführen.

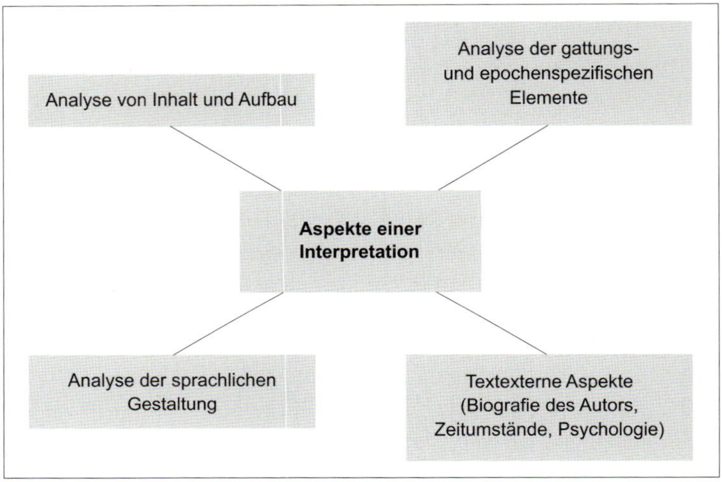

2.2 Reihenfolge des Vorgehens

- Klärung der Aufgabenstellung: Welche Elemente der Texterschließung werden explizit gefordert?
- Erste Lektüre des Textes am Stück
- Im Anschluss eventuell Notiz erster Eindrücke, erste Interpretationshypothese
- Erneutes, genaues Lesen: Markieren relevanter Textstellen, Randnotizen zu Textbeobachtungen
- Ordnen der Beobachtungen nach den unterschiedlichen Elementen der Texterschließung (siehe oben)
- Zusammenfügen der Analyseergebnisse zu einer Deutung des Textes (Interpretationshypothese)
- Erstellen einer Gliederung, die die einzelnen Analyseergebnisse in eine sinnvolle Reihenfolge bringt
- Ausformulieren/Textproduktion
- Überarbeitung des Aufsatzes

2.3 Ausformulierung und Überarbeitung

Bei der Ausformulierung muss darauf geachtet werden, dass die einzelnen Aussagen sprachlich aufeinander bezogen bzw. miteinander verknüpft werden.

Beispiel

Folgende Konjunktionen und feststehende Formulierungen, die nicht immer am Satzanfang stehen müssen, sind hierfür geeignet:

- Reihung: *des Weiteren, darüber hinaus, daneben, außerdem, ebenfalls, überdies* usw.
- Begründung: *weil, deshalb, dadurch, daher, aus diesem Grund* usw.
- Erläuterung: *das bedeutet, und zwar, nämlich, das heißt* usw.
- Hervorhebung: *besonders, sogar, vor allem, insbesondere usw.*
- Einschränkung: *obwohl, stattdessen, allerdings, während, vielmehr, dagegen* usw.
- Gegenüberstellung: *einerseits – andererseits, auf der einen Seite – auf der anderen Seite, sowohl – als auch, zwar – aber, zum einen – zum anderen* usw.

Daneben gibt es Formulierungen, die zu einem neuen Gedankengang bzw. Absatz überleiten.

Beispiel

zusammenfassend, anschließend, im Anschluss daran, daraus lässt sich folgern, schließlich ist zu klären, in einem weiteren Schritt, als Nächstes, im Folgenden usw.

Bei der **Überarbeitung** des Textes sollen nicht nur die äußere Form sowie Orthografie, Zeichensetzung und der sprachliche Ausdruck (schiefe Ausdrücke, fehlerhafter Satzbau, grammatikalische Fehler) überprüft werden, sondern auch die inhaltliche Stimmigkeit. Häufig fallen erst beim Durchlesen des gesamten Aufsatzes logische Brüche in der Argumentation auf. Auch wenn es wesentlich aufwendiger ist, solche Fehler zu korrigieren als sprachliche oder formale, sollte man sich bei ausreichender Zeit nicht scheuen, hier notfalls auch umfangreichere Korrekturen durchzuführen, da ansonsten die Schlüssigkeit der Interpretation gefährdet ist.

2.4 Gestaltendes Schreiben

Gestaltendes Schreiben kann als Wahlformat bei der b-Aufgabe (entweder Epik oder Dramatik) vorkommen. Hier wird in der Regel ein **innerer Monolog** oder ein **persönlicher Brief** verlangt. Inhaltlich bezieht sich diese gestaltende Aufgabe dann immer auf den Ausgangstext und ggf. auch auf das Material – diese liefern das Setting und auch die inhaltliche Grundlage für den zu gestaltenden Text. Entscheidend ist dabei, dass durch die Verarbeitung eines Ausgangstextes zu einem neuen Text die Vorlage eine indirekte Deutung erfährt. Diese soll deutlich machen, dass der Ausgangstext verstanden wurde. Es muss daher stets ein klar **erkennbarer Bezug zur Vorlage** gegeben sein.

Richtlinien für gestaltendes Schreiben

- Kommunikativen Kontext berücksichtigen
- Adressatenbezogene Ausdrucksweise wählen
- Formale Vorgaben der geforderten Textsorte einhalten
- Perspektive einer Figur übernehmen
- Textkenntnis beweisen

3 Analyse pragmatischer Texte

3.1 Elemente der Erschließung pragmatischer Texte

Analyse des Inhalts

- Gegenstand des Textes
- Zusammenfassung von Sinnabschnitten mithilfe von Kurzüberschriften
- Formulieren der Kernthesen
- Analyse der Argumentationslinie

Analyse der sprachlichen Gestaltung

- Sprachebene
- Satzbau
- Wortwahl
- Verwendung rhetorischer Gestaltungsmittel

Analyse der Wirkungsabsicht

- Adressat des Textes
- Intention des Autors

Kritisches Hinterfragen der Thesen und eigene Beurteilung

- Prüfung der sachlichen Richtigkeit von Fakten und Tatsachenbehauptungen
- Hinterfragen der Argumente unter logischen und ethischen Kriterien
- Prüfung der Argumentationslinie auf logische Schlüssigkeit, Differenzierung und Ausgewogenheit
- Persönliche Stellungnahme zur Aussage des Textes

3.2 Reihenfolge des Vorgehens

- Klärung der Aufgabenstellung: Welche Aspekte der Texterschließung werden in der Aufgabenstellung explizit genannt?
- Erste Lektüre des Textes am Stück
- Im Anschluss eventuell erste Notizen zu Thema und Kernaussage
- Erneutes, genaues Lesen: Markieren relevanter Textstellen, Randnotizen zu Textbeobachtungen, Einteilen in Sinnabschnitte
- Zusammenfassende Überschriften für die Sinnabschnitte finden
- Ordnen der Beobachtungen nach den unterschiedlichen Elementen der Texterschließung (siehe oben)
- Herausarbeiten der Argumentationslinie des Textes
- Kritisches Hinterfragen des Textes (siehe oben)
- Erstellen einer Gliederung, die die einzelnen Analyseergebnisse in eine sinnvolle Reihenfolge bringt
- Ausformulieren/Textproduktion
- Überarbeitung des Aufsatzes

3.3 Ausformulierung und Überarbeitung

Für die Ausformulierung und Überarbeitung des Aufsatzes gelten bei der Erschließung von pragmatischen Texten die gleichen Hinweise wie bei der Erschließung von literarischen Texten (vgl. S. 35).

4 Erörtern

4.1 Begrifflichkeiten

Gilt es, eine Abwägung zwischen zwei gegensätzlichen Positionen zu treffen, spricht man von einer **dialektischen Erörterung**. Der Aufbau ist dann antithetisch.

Beispiel

„Sind Atomkraftwerke für die zukünftige Energieversorgung unverzichtbar?"

Bei einer **linearen Erörterung** hingegen werden die verschiedenen Aspekte eines Problems bzw. Sachverhalts beleuchtet. Dies umfasst eine lineare Darstellung der relevanten Fakten, deren logische Verknüpfung und eine persönliche Stellungnahme hierzu.

Beispiel

„Gefahren von Atomkraft"

4.2 Formen der Erörterung

Erörterung literarischer Texte

Eine solche Erörterung kann sich auf einen vorliegenden literarischen Text beziehen. Des Weiteren gibt es Erörterungsaufträge zu einem oder mehreren literarischen Texten, die, da sie z. B. als Ganzschrift zu umfangreich sind, nicht vorliegen. Zuweilen ist die Wahl des literarischen Werkes auch frei.

Beispiel

„Erörtern Sie, inwiefern Faust das Leben von Gretchen zerstört."

Bezieht sich der Erörterungsauftrag auf einen vorliegenden Text, so muss dieser nach den oben genannten Aspekten (vgl. S. 32 ff.) erschlossen werden. Die Ergebnisse dieser Textanalyse müssen dann in Bezug zum Erörterungsauftrag gesetzt werden.

Erörterung pragmatischer Texte

Die Erörterung pragmatischer Texte verbindet die Analyse eines pragmatischen Textes (vgl. S. 36 f.) mit einer argumentativen Stellungnahme zu der darin behandelten Problematik. Diese kann je nach Fragestellung linear oder dialektisch erfolgen.

4.3 Reihenfolge des Vorgehens

- Klärung der Aufgabenstellung: Typ der geforderten Erörterung (linear oder dialektisch?); bei längeren Aufgabenstellungen: Klärung der Schlüsselbegriffe
- Auseinandersetzung mit dem Thema: Stoffsammlung durch Aktivierung des eigenen Vorwissens und gegebenenfalls Analyse beigefügter Texte oder Materialien
- Prüfung der Stoffsammlung auf Bezug zum Thema, Sachrichtigkeit, logische Schlüssigkeit, Relevanz, Stichhaltigkeit und Ordnung
- Erstellen eines Schreibplans, der die einzelnen Aspekte der Stoffsammlung in eine sinnvolle Reihenfolge bringt: Zusammenfassung von Aspekten, Gliederung nach Ober- und Unterpunkten, Formulierung im Nominalstil (zur Struktur der Gliederung siehe unten)
- Ausformulieren der Einleitung und der Argumente für den Hauptteil
- Verfassen eines abwägenden Urteils bei einer dialektischen Erörterung: das Urteil muss begründet werden, ohne die im Hauptteil angeführten Argumente nochmals zu wiederholen. Bei persönlichen Wertungen sollte die zugrunde liegende Haltung dargelegt werden
- Formulierung des Schlusses
- Überarbeitung des Aufsatzes (analog zu S. 35)

4.4 Argumentieren

Aufbau einer Argumentation

Ein vollständiges **Argument** ist nach dem Prinzip der Fünferkette aufgebaut. Dabei sind die Bestandteile These, Begründung und Beispiel unverzichtbar, Fazit und Appell müssen nicht immer Teil eines Arguments sein.

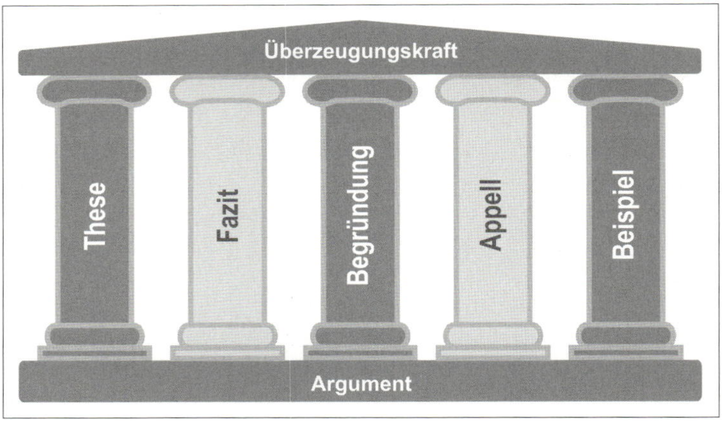

Mögliche Begründungen

- Erfahrungstatsachen, deren Richtigkeit jedem bewusst ist (z. B. „Säuglinge sind schutzbedürftig.“)
- Tatsachenbeweise, z. B. Statistiken, Untersuchungsergebnisse, Umfragen, Zahlenangaben usw.
- Verweis auf Autoritäten, z. B. durch Zitate von Experten
- Logische Schlüsse: Analogien, Folgerungen und Ableitungen aus bekannten Tatsachen oder Definitionen (wenn es sich hier so verhält, dann verhält es sich auch dort so)
- Allgemeingültige Werte und Normen („Die Menschenwürde darf nicht verletzt werden.“)

Beispiele

Eine Argumentation gewinnt erst durch konkrete und anschauliche Beispiele Überzeugungskraft. Sie sollten repräsentativ und für den Leser nachvollziehbar sein und die These logisch stringent stützen.

4.5 Gliederung

Nummerierungsschemata

Grundsätzlich bestehen zwei unterschiedliche Formen der Nummerierung: mittels Buchstaben und Ziffern oder nur mittels Ziffern.

Beispiel

Gliederung nach Buchstaben und Ziffern:

A (Einleitung)
B (Hauptteil)
  I.
    1.
      a)
      b)
    2.
    …
  II.
  III.
  …
C (Schluss)

Gliederung nach Ziffern:

1 (Einleitung)
2 (Hauptteil)
  2.1
    2.1.1
      2.1.1.1
      2.1.1.2
    2.1.2
    …
  2.2
  2.3
  …
3 (Schluss)

Aufbau des Hauptteils

Hier bestehen für die dialektische Erörterung grundsätzlich zwei verschiedene Schemata.

- **Reihender Aufbau:** Die Argumente stehen einander gebündelt gegenüber.

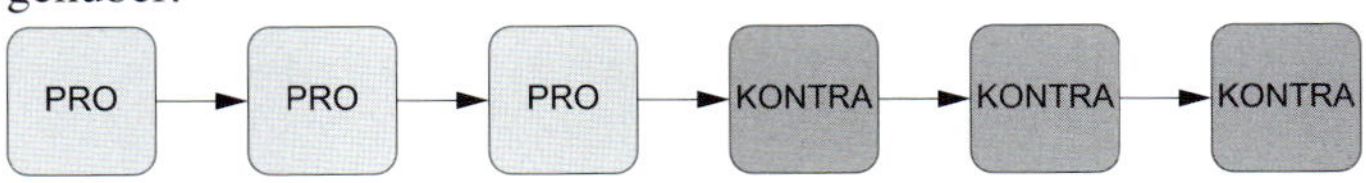

- **Abwechselnder Aufbau:** Auf jedes Pro-Argument folgt gleich das passende Kontra-Argument.

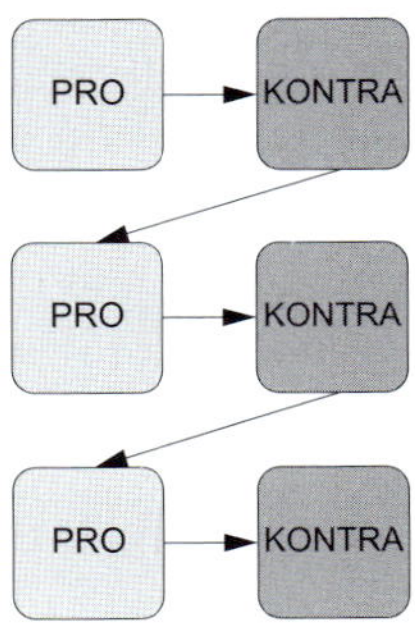

Bei der **linearen Erörterung** werden die einzelnen Argumente vom unwichtigsten bis zum überzeugendsten Aspekt der Reihe nach aufgeführt.

Reihender Aufbau bei einer dialektischen Erörterung
Eine reihende Gliederung beginnt man mit der Ansicht, die am Schluss nicht der eigenen Entscheidung entspricht, und beendet sie mit der eigenen Überzeugung. (Hintergrund: Es ist davon auszugehen, dass das zuletzt genannte Argument dem Leser am besten in Erinnerung bleibt.)

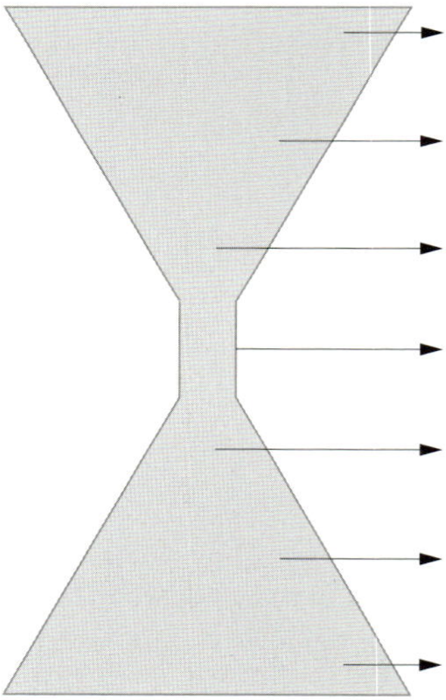

These

1. Wichtigstes und überzeugendstes Argument, das aber nicht die eigene Ansicht am Schluss begründet
2. Argument, das auch zutrifft, aber weniger überzeugend ist
3. Eventuell ein weiteres Argument, das zutreffen kann und am wenigsten überzeugend ist

Kurze Überleitung

Antithese

1. Schwächstes gegenteiliges Argument, das der eigenen Meinung am Ende entspricht
2. Gutes Argument, das der eigenen Meinung deutlich stärker entspricht
3. Stärkstes Argument, das für die eigene Meinung entscheidend ist

4.6 Formulierungshilfen

Beim Schreiben einer Erörterung helfen z. B. folgende Formulierungen:

Beispiel

- *Ein weiterer Gesichtspunkt/Aspekt ist …*
- *Ergänzend/Ferner wird mit diesem Argument gezeigt, dass …*
- *Mit dieser Aussage eng verknüpft ist …*
- *Hinzu kommt der Umstand …*
- *Auch muss daran erinnert werden, dass …*

- *Daraus lässt sich schließen, dass …*
- *Des Weiteren ist anzumerken, dass …*
- *Wichtig/Auffallend ist auch …*
- *Einschränkend muss festgehalten werden, dass …*
- *Gegen die genannte Tatsache spricht jedoch, dass …*

Ansonsten gelten für die Ausformulierung und Überarbeitung des Aufsatzes bei der Erörterung die gleichen Hinweise wie bei der Interpretation literarischer Texte (vgl. S. 35).

5 Materialgestütztes Schreiben

5.1 Formen

Beim materialgestützten Verfassen argumentierender Texte setzt man sich mit strittigen Fragen auseinander und bezieht unter Beachtung der Adressatengruppe sowie der spezifischen Merkmale der geforderten Textsorte Stellung in Form einer Erörterung, eines Kommentars oder weiterer argumentativer Formate (z. B. Leserbrief). Folglich sind materialgestützte Aufgabenstellungen schwerpunktmäßig bei der Auseinandersetzung mit Sachthemen vorzufinden.

Aber auch literarische Themen können, wenigstens als Teilaufgabe, materialgestütztes Schreiben verlangen, wenn beispielsweise einzelne Aspekte eines Romanauszugs mithilfe von weiterem Material analysiert werden sollen oder im Rahmen einer Charakterisierung darauf einzugehen ist.

Ebenso können gewisse inhaltliche bzw. sprachliche Elemente in literarischen Texten miteinander zu vergleichen sein oder die Materialien können als Grundlage für kreative Aufgaben dienen, z. B. für das Verfassen eines Briefes aus der Sicht einer Figur.

Ziel ist es dabei in der Regel, das bereitgestellte Material für den Informations- und Erkenntnisgewinn zu nutzen und dann die eigenen Ausführungen damit zu bereichern.

5.2 Umgang mit den Materialien

Je nach Aufgabenstellung kann der Materialpool mehrere formal gleiche Texte von ähnlichem Umfang bereitstellen, aber ebenso kürzere Texte bzw. Textauszüge umfassen sowie diskontinuierliche Texte.

Auswerten kontinuierlicher Texte

In einem Materialpool können ebenso Sachtexte (z. B. Kommentar, Glosse, Blog, Interview) wie literarische Texte (z. B. Kurzgeschichte, Roman- oder Dramenauszug, Gedicht, Songtext) enthalten sein – und das sowohl bei Aufgaben mit einem Sachtext als Haupttext als auch bei Aufgaben mit einem literarischen Text als Haupttext.

Aspekte bei der Analyse von Materialtexten:
- Titel, Autor, Erscheinungsdatum des Textes
- Zentrales Thema und Bezug zur Aufgabenstellung
- Inhaltliche, sprachliche und/oder formale Übereinstimmungen bzw. Abweichungen/Gegensätze der einzelnen Materialien
- Zentrales literarisches Motiv, epochenspezifische Auffälligkeiten
- Textsorte/Gattung, Unterscheidung zwischen objektivem (z. B. Lexikonartikel) und subjektivem Sachtext (z. B. Kommentar)
- Beurteilung der Glaubwürdigkeit des Verfassers und der Aussagen
- Untersuchen der Argumentationsstruktur und Sachinformationen
- Mögliche Gegenpositionen, Widersprüchlichkeit einzelner Aussagen
- Relevanz der Aussagen für die Aufgabenstellung

Auswerten diskontinuierlicher Texte

Im Unterschied zu Fließtexten (auch: lineare Texte) liegt bei diskontinuierlichen (auch: nichtlinearen) Texten kein fortlaufender Text vor, vielmehr werden sprachliche Elemente mit bildlichen, grafischen und/oder tabellarischen kombiniert. Diskontinuierliche Texte können Diagramme, Statistiken in Tabellenform, Schaubilder und Infografiken, Karikaturen sowie Fotos oder Bilder sein. Da sie Informationen verkürzt darstellen, müssen sie zunächst entschlüsselt werden.

Allgemeine Aspekte bei der Analyse diskontinuierlicher Texte:

- Thema, Überschrift
- Quelle, Herausgeber/Verfasser
- Glaubwürdigkeit des Materials
- Abgebildeter Zeitraum/Zeitpunkt
- Fokus des Materials: Einzelaspekt des Themas, ganzheitlicher Zugriff

Analyse von Diagrammen und Statistiken (bzw. Tabellen):

- Diagramm: Balken-, Säulen-, Kurven-, Kreis-, Tortendiagramm
- Analyse der Größeneinheiten bzw. des Maßstabs (absolute Zahlen, Prozentangaben, Indexwerte)
- Korrelationen (Zusammenhänge) zwischen Zahlen/Zahlenreihen
- Zeitpunkt und Ort des Maximums und Minimums (bei Statistiken)
- Zusammenhang zwischen verschiedenen Größen, Entstehen bestimmter optischer Effekte durch die gewählten Werte

Beispiel

Inhaltliche Verteilung der Internetnutzung

	Kommunikation	Spiele	Informationssuche	Unterhaltung
Gesamt	**41 %**	**19 %**	**10 %**	**29 %**
Mädchen	49 %	10 %	11 %	31 %
Jungen	34 %	28 %	10 %	27 %
12–13 Jahre	38 %	27 %	7 %	27 %
14–15 Jahre	41 %	21 %	9 %	29 %
16–17 Jahre	43 %	17 %	11 %	29 %
18–19 Jahre	42 %	16 %	13 %	29 %

Quelle: S. Feierabend/T. Plankenhorn/T. Rathgeb: JIM 2016: Jugend, Information, (Multi-)Media. Basisstudie zum Medienumgang 12- bis 19-Jähriger in Deutschland, Medienpädagogischer Forschungsverbund Südwest; https://www.mpfs.de/fileadmin/files/Studien/JIM/2016/JIM_Studie_2016.pdf

Analyse von Schaubildern und Infografiken:

- Analyse der Kombination bildlicher Elemente mit statistischen Daten
- Einteilung in verbale und nonverbale Elemente
- Interpretation nonverbaler Elemente
- Analyse der Überschrift

Beispiel

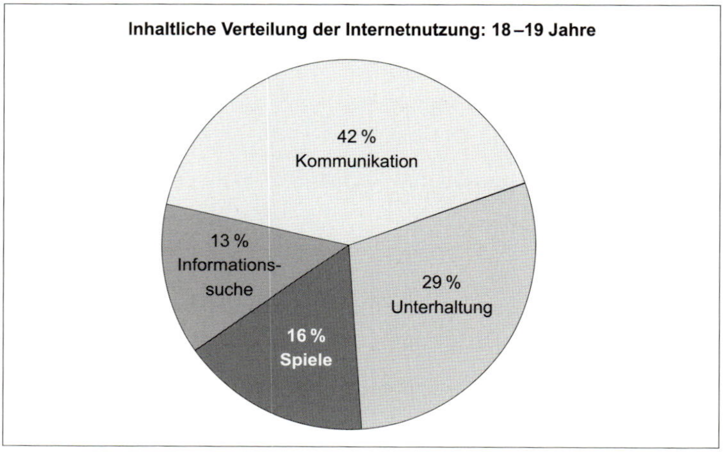

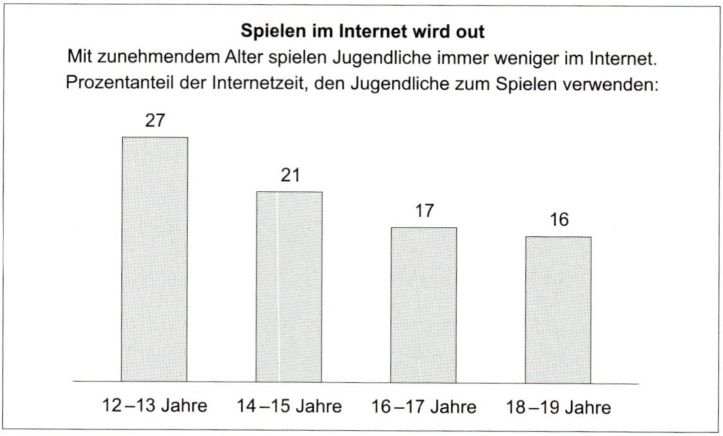

Quelle für Abbildungen: JIM 2016 (siehe Link auf S. 45)

Analyse von Karikaturen:

- Hauptgegenstand der Karikatur
- Auswertung der übertriebenen Darstellung
- Analyse der zeichnerischen Mittel
- Einteilung in nonverbale und verbale Elemente
- Kritik/Intention hinter der Darstellung

Analyse von Fotos und Bildern:
- Inhalt des Bildes/Bildausschnitts
- Wahl der Perspektive und der fotografischen Darstellungsmittel
- Deutung einer möglichen indirekten Aussage des Bildes
- Beschreibung der Wirkung des Bildes auf den Betrachter

5.3 Reihenfolge des Vorgehens

Die Schritte der Bearbeitung einer Aufgabenstellung mit Material sind immer ähnlich. Sie werden nachfolgend am Beispiel des materialgestützten argumentativen Schreibens zu einer Sachtextaufgabe vorgestellt. Abhängig davon, ob eine lineare oder dialektische Aufgabenstellung vorliegt, wird man Material direkt argumentativ verwenden oder Rückschlüsse aus einer Gegenposition ziehen können.

Erfassen der Aufgabenstellung

- Wiedergabe der Aufgabenstellung in eigenen Worten
- Geforderte Textsorte (Erörterung, Kommentar, Leserbrief etc.)
- Merkmale der geforderten Textsorte
- Ziel des Textes (subjektives oder objektives Argumentieren, lineares oder dialektisches, Appellieren usw.)
- Kennzeichen der Adressatengruppe

Entnehmen der Informationen

- Siehe Hinweise zum Umgang mit Materialien (S. 44 ff.)
- Kursorisches Sichten des Materials
- Markieren zentraler Passagen und Informationen
- Kategorisieren des Materials (Textsorten der kontinuierlichen Texte, Formen der diskontinuierlichen Texte)
- Beurteilung der Glaubwürdigkeit
- Erstellen einer tabellarischen Übersicht, in der die jeweiligen (Pro- und Kontra-)Argumente der einzelnen Materialien und wichtige Inhalte (z. B. Fakten, Zahlen) im Hinblick auf die Aufgabenstellung aufgelistet sind

Erstellen eines Schreibplans

- Erstellen einer tabellarischen Übersicht zu den eigenen Vorkenntnissen (zur Pro- und Kontra-Seite)
- Zuordnen der inhaltlich passenden Erkenntnisse aus der Bearbeitung des Materials zu den eigenen Vorkenntnissen
- Bei dialektischen Themen: Finden einer eigenen Position (es bietet sich die Seite an, für die sich mehr und überzeugendere Argumente mit passenden Beispielen finden lassen)
- Wahl eines angemessenen und prägnanten Einleitungsgedankens (z. B. durch Vergleich, Definition, aktuellen Bezug)
- Bei dialektischen Aufgabenstellungen: Entscheidung zur Anordnung und Abfolge der eigenen Argumente: Sanduhr-Prinzip, Ping-Pong-Prinzip (vgl. S. 41 f.)
- Gestaltung des Schlussteils bei dialektischen Themen: Vermeidung von bloßer Wiederholung der Argumente aus dem Hauptteil, begründete Entscheidung für die Höherwertigkeit einer Seite, Herausstellen der eigenen Position (vgl. S. 42 f.), möglicher Kompromiss als Abschluss, evtl. Appell

Verfassen des eigenen Textes

Abhängig von den Textsortenmerkmalen und vom Adressatenbezug ist der sprachliche Stil passend zu wählen (vgl. Prüfungsrelevante Formen journalistischer Sachtexte, S. 26 ff.), z. B.:

- subjektiver Kommentar zu anspruchsvollem Thema: hypotaktischer Satzbau, Fachbegriffe, Bildungssprache, rhetorische Mittel
- subjektiver Leserbrief für die Lokalzeitung zu Thema von bestenfalls regionaler Bedeutung: einfache Struktur, Ansprechen einer durchschnittlichen Leserschaft

Auch die Art und Weise des Argumentierens unterscheidet sich, z. B.:

- Kommentar: kein Anspruch auf Vollständigkeit der Argumente, subjektive Sicht auf eine Thematik im Sinne der Meinungsbildung, oft provokante und verallgemeinernde Darstellung
- Erörterung: objektive Darstellung sämtlicher Aspekte eines Themas, sachliche und nüchterne Sprache, Abwägen verschiedener Standpunkte, Treffen einer begründeten Entscheidung

Überarbeitung des eigenen Textes

- Vgl. S. 35: Hinweise zur Überarbeitung eines eigenen Textes
- Führt die Einleitung sinnvoll zum Thema hin, ohne Argumente vorwegzunehmen? Bietet sie z. B. beim Leserbrief oder Kommentar zunächst einen informierenden Zugang?
- Sind die aus dem Material exzerpierten Aussagen und Fakten sinnvoll in die eigenen Argumente eingebunden und nicht nur aneinandergereiht?
- Heben sich die Argumente zu einer Position nicht gegenseitig auf? Widersprechen sie sich nicht?
- Enthält der Schlussteil eine begründete Entscheidung, ohne bloß Argumente zu wiederholen?

Materialgestütztes Schreiben

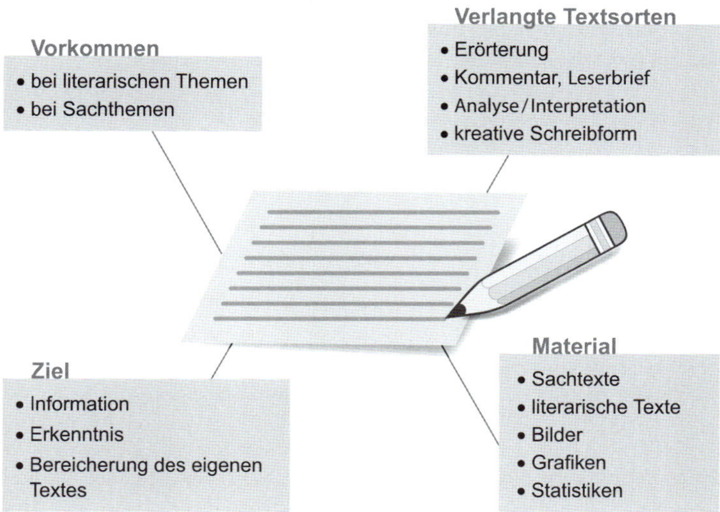

6 Aufgabenarten in der Abschlussprüfung

1 Materialgestütztes Verfassen eines argumentierenden Textes

- Variante 1 (für 12): Erörterung mit Gliederung **oder**
- Variante 2 (für 12): Kommentar
- Kommentar (mit Sprachanalyse) (für 13)

Immer auf Grundlage beigefügter Materialien

2/3 Erschließen eines literarischen Textes (Epik und Dramatik)

a) Inhaltszusammenfassung mit Erläuterung des Aufbaus **und** Charakterisierung einer Figur, **auch** Analyse eines Beziehungsgeflechts oder weiterer Aspekte, z. B.:
- sprachlich-stilistischer Besonderheiten
- politisch-sozialer Bedingungen

Evtl. mit zusätzlichen Materialien

b) Materialgestützte Aufgabe:
- Analyse eines thematischen Aspektes (z. B. Motive) **oder** Untersuchung der Raum- und Zeitgestaltung (sofern nicht in Teilaufgabe a) **oder**

  aspektbezogener Vergleich (auch gattungsübergreifend) mit einem anderen Text **oder**

  Analyse des Gesprächsverhaltens (v. a. Drama)

Immer auf der Grundlage beigefügter Materialien, Schwerpunkt bei Teilaufgabe a)

Bei Epik oder Dramatik ist die b-Aufgabe wahlweise als gestaltende Aufgabe ausgelegt

4 Erschließen eines literarischen Textes (Lyrik) (für 13)

- Untersuchung der Form, des Inhalts und der Sprache

Themen

1 Literaturgeschichte

1.1 Barock (ca. 1600–1720)

Die Zeit des Barock war geprägt durch den **Dreißigjährigen Krieg**, der ein verwüstetes Land hinterließ, und tödliche Krankheiten wie die **Pest**. Die Bevölkerung Mitteleuropas wurde stark dezimiert.
Es herrschte das Bewusstsein vor, dass der Mensch und alle weltliche Pracht vergänglich und damit alles irdische Streben vergeblich und nutzlos sei (**Vanitas-Gedanke**). Daraus folgerte man einerseits, dass allein die **Hinwendung zum Jenseits** dem Leben einen Sinn gebe (*memento mori* – „Denke daran, dass du sterben musst"), andererseits gierte man jedoch auch nach **Lebensgenuss** und Sinnenfreude und strebte nach prunkvoller Repräsentation (*carpe diem* – „Nutze/genieße den Tag").

Barocke Gegensatzpaare

Verherrlichung des Diesseits	Verherrlichung des Jenseits
Sinnenlust	Christliche Tugend
Schein	Wirklichkeit
Erotik	Askese
Körper	Seele
Leben	Vergänglichkeit
Irdisches	Göttliches
Vielfalt des Lebens	Einheit der göttlichen Ordnung

Poetik des Barocks

- Die Poetik des Barocks griff auf **antike Traditionen** zurück. Dichtung war zweckgerichtet, sie sollte belehren, unterhalten und bewegen *(docere, delectare, movere)*. Dies wollten die Dichter durch die Mittel der antiken **Rhetorik** erreichen.

- Bis auf wenige Ausnahmen gehörten die Literaten dem Gelehrtenstand an. Ihre Werke richteten sich an ein **gebildetes und wohlhabendes Publikum**.
- Als literarische Zentren bildeten sich **Sprachgesellschaften**, wie z. B. die *„Fruchtbringende Gesellschaft"*, die sich u. a. die Pflege der deutschen Literatursprache, die das Lateinische ablösen sollte, zum Ziel setzten. Daraus entstanden **Regelpoetiken**.
- Am einflussreichsten war das *Buch von der deutschen Poeterey,* das **Martin Opitz** 1624 veröffentlichte. Darin legte er Inhalte und Themen sowie Gattungen und Formen für deren Gestaltung fest. Die Aufgabe des Poeten bestand darin, die Themen in ein möglichst kunstvolles Gewand zu kleiden.
- **Kennzeichen barocker Dichtung** sind v. a.: extremer Bilderreichtum, ausgeprägte Metaphorik, gleichnishafte Sinnbilder, spielerischer Umgang mit Wörtern, Silben und Buchstaben, formelhaftes Schreiben, additive Häufung und Steigerung von Bildern und Adjektiven, Sentenzen und lehrhafte Sätze.

Gattungen

Lyrik

Die bevorzugten **Gattungen** der Barockdichtung waren das Sonett, die Ode und das Figurengedicht.
Insbesondere das (Alexandriner-)**Sonett** ist durch seine Bauform sehr gut geeignet für die Antithetik des Barocks (vgl. S. 4).
Eine besondere Form ist das **Emblem**, eine Verbindung aus Text und allegorischem Bild.

Beispiel

- *Es ist alles eitel; Abend; Tränen des Vaterlandes* (A. Gryphius)
- *Vergänglichkeit der Schönheit* (C. H. v. Hoffmannswaldau)
- *Wie er wolle geküsset seyn* (P. Fleming)

Epik

Im **Schelmenroman** erzählt ein aus der niederen Schicht stammender Held von seinem unsteten Wanderleben. Eine weitere wichtige Romanform des Barocks ist der **Schäferroman**.

Beispiel

- *Der Abentheuerliche Simplicissimus Teutsch* (Schelmenroman v. H. J. C. v. Grimmelshausen)

Dramatik
Im Drama wurde die **Ständeklausel** streng eingehalten (Tragödie → Personen höheren Standes, Komödie → Personen niederen Standes).

Beispiel

- *Katharina von Georgien; Absurda Comica oder Herr Peter Squentz* (Tragödie bzw. Komödie v. A. Gryphius)

1.2 Aufklärung (ca. 1720–1800)

Mit dem Begriff „Aufklärung" wird eine gesamteuropäische Bewegung bezeichnet, in der das **analytische und kausale Denken** Eingang in alle Bereiche der Wissenschaft, Kunst und Ethik fand. Kennzeichnend waren der Glaube an den **Sieg der Vernunft**, Fortschrittsdenken und das Ideal der Menschenrechte. Staatliche Gewalt wurde nicht mehr durch Gottesgnadentum, sondern durch eine Verfassung als Gesellschaftsvertrag legitimiert. Es wurde ein Weltbild entworfen, das dem **Diesseits** und dem gesellschaftlichen Fortschritt verpflichtet war.

Poetik der Aufklärung

- Die Überzeugung von der **Autonomie der Kunst und des Individuums** setzte sich durch und befreite die Literatur aus der Bindung an höfische Zusammenhänge.
- Dichtung erhielt eine **erzieherische Aufgabe**. Gotthold Ephraim Lessing forderte in seiner Dichtungstheorie *Hamburgische Dramaturgie,* dass das Schauspiel der sittlichen Besserung des Zuschauers dienen müsse. Literatur sollte nützlich sein und zum Aufbau einer vernunftorientierten Gesellschaft beitragen.
- Thematisch beschäftigte sich die aufklärerische Literatur mit der Frage der richtigen Lebensweise und dem **Tugendideal**.
- **Religion** wurde nicht abgelehnt, aber dem Vernunftgedanken untergeordnet. Dementsprechend wurde die christliche Religion als eine

Glaubensform angesehen, der Judentum und Islam ebenbürtig seien (vgl. die Ringparabel in Lessings *Nathan der Weise*). Man glaubte an eine allen Menschen gemeinsame, angeborene **Humanität**.

Gattungen

Lyrik

In der Lyrik finden sich unterschiedliche Themen und Ausprägungen: Lebensgenuss ebenso wie Lehrhaftes (Gedankenlyrik) und Empfindsam-Pietistisches (Kirchenlieder, Oden).

Beispiel

- Oden (F. G. Klopstock)
- *Abendlied* (M. Claudius)

Epik

Bevorzugt wurden lehrhafte Kurzformen wie die **Fabel**, die eine Lehre vermittelt. Entsprechend dem Emanzipationskampf des Bürgertums gegen die Vorherrschaft des Adels wurde dort die Klugheit im Verhalten gegenüber dem Stärkeren empfohlen und das Recht des Stärkeren, der verantwortungslos handelt, kritisiert.

Beispiel

- *Der Wolf und das Lamm* (Fabel v. J. de La Fontaine)

Dramatik

Johann Christoph Gottsched verfasste mit *Versuch einer kritischen Dichtkunst für die Deutschen* eine literaturtheoretische **Regelpoetik**, die die Dramen der französischen Klassik als Vorbilder empfiehlt.

Gotthold Ephraim Lessing entwickelte die neue Dramenform des **bürgerlichen Trauerspiels** (vgl. S. 19 f.). Darin machte er erstmals den bürgerlichen Stand tragikfähig, indem die **Ständeklausel**, nach der nur adelige Personen in einer Tragödie auftreten dürfen (vgl. Gottsched), wegfiel. Dadurch wurde beim Zuschauer eine größere Identifikation ermöglicht.

Beispiel

- *Miss Sara Sampson; Emilia Galotti* (bürgerliches Trauerspiel); *Nathan der Weise* (G. E. Lessing)

1.3 Sturm und Drang (ca. 1765–1785)

In Opposition zur starken Betonung des Rationalen durch die Aufklärung entstand die Bewegung des Sturm und Drang, die nach einem gleichnamigen Drama von Friedrich Maximilian Klinger benannt ist. Unter dem Einfluss des französischen Philosophen Rousseau wurde neben der **Freiheit** von Bevormundung und Autorität die unmittelbare **Empfindung** zum zentralen Wert der Bewegung.

Poetik des Sturm und Drang

- Konflikt des **selbstbestimmten Individuums** mit einer normierenden Gesellschaft bzw. der starren Ordnung des Absolutismus
- **Geniekult:** Dichter als natürlicher und unverbildeter Mensch, der als Schöpfer die Welt um sich erschafft
- Ablehnung der Regelpoetik des Barocks und der Aufklärung; bewusste **Freiheit von formalen Regeln**
- **Sprache:** ekstatisch, emotional; Halbsätze, Ausrufe, aufgelöste Syntax; Verwendung von Kraftausdrücken und Mundart; daneben auch schlichte und volkstümliche Ausdrücke **(Volkslied)**; Verzicht auf gebundene Sprache im Drama

Lyrik
Verfasst wurden v. a. Liebes- und Naturlyrik (z. T. als Erlebnislyrik: unmittelbarer Ausdruck des Gefühls) sowie politische Gedichte.

Beispiel

- *Willkommen und Abschied; Prometheus* (J. W. v. Goethe)
- *Der Bauer an seinen durchlauchtigen Tyrannen* (G. A. Bürger)

Epik
Der Briefroman eröffnete die Möglichkeit, die individuelle Perspektive einer Romanfigur zu gestalten.

Beispiel

- *Die Leiden des jungen Werthers* (J. W. v. Goethe)

Dramatik

Das Drama galt als wichtigste Gattung, da hier die Zuschauer durch die Darbietung am stärksten emotional getroffen werden können.

Beispiel

- *Die Räuber; Kabale und Liebe* (F. Schiller)
- *Götz von Berlichingen* (J. W. v. Goethe)
- *Der Hofmeister oder die Vorzüge der Privaterziehung; Soldaten* (J. M. R. Lenz)
- *Sturm und Drang* (F. M. Klinger)

1.4 Weimarer Klassik (ca. 1786–1805)

Allgemein versteht man unter dem Begriff „**Klassik**" eine Epoche, in der eine bestimmte Kunst, etwa die Literatur, die Musik oder die Architektur, eine besonders hohe Qualität erreicht und damit stilbildend wirkt. Im engeren Sinn bezeichnet der Epochenbegriff „**Weimarer Klassik**" den kurzen Zeitraum des gemeinsamen Schaffens der Dichter Johann Wolfgang von **Goethe** und Friedrich **Schiller** in den elf Jahren zwischen 1794 und 1805. Im weiteren Sinne beginnt die Epoche mit Goethes italienischer Reise 1786. Die kleine thüringische Residenzstadt **Weimar** entwickelte sich in dieser Epoche endgültig zum führenden literarischen Zentrum Deutschlands.

Verschiedene Bedeutungen von „Klassik"

Bezug auf Zeitalter der Antike	**Blütezeit einer Nationalkultur**	**Stilbezeichnung**
„klassisch" = aus der Zeit der griechisch-römischen Antike stammend bzw. deren Stil nachahmend	„klassisch" = mustergültig, meisterhaft, vorbildlich	„klassisch" = formal und inhaltlich nach Harmonie, Vollendung und Ausgewogenheit strebend

Poetik der Weimarer Klassik

- Die Antikenbegeisterung der Zeit wurde durch die Werke des Kunsthistorikers **J. J. Winckelmann** ausgelöst. Dieser stellte nach dem Vorbild der antiken griechischen und römischen Kunst das Ideal der **„stillen Einfalt und edlen Größe“** auf. Ausschmückungen und überbordende Verzierungen wurden abgelehnt. Das Kunstwerk sollte durch Beschränkung auf das Wesentliche beeindrucken.
- Das Ideal dieser Schönheit wurde nun in der **griechischen Antike** wiederentdeckt, nicht mehr im prallen Leben und der ungebändigten Natur. Es drückte sich nach Ansicht der Klassiker durch Ordnung, Harmonie, Bändigung und Maßhalten aus.
- Sprachliche Schönheit und formale Harmonie sollten den Leser **ästhetisch ergreifen** und für moralische Lehren empfänglich machen.
- Das Verhältnis Goethes und Schillers zur **Französischen Revolution** war ambivalent. Einerseits entsprachen deren Forderungen nach Freiheit, Gleichheit und Brüderlichkeit dem **Humanitätsideal der Klassik**, andererseits lehnten die beiden Dichter jedoch die gewaltsame Durchsetzung dieser Ideale ab. Statt durch revolutionäre Gewalt und Unruhe sollten die Ziele durch **ästhetische Erziehung** auf friedlichem, evolutionärem Weg erreicht werden.
- Das inhaltliche Programm schlug sich in einer großen **Formstrenge** und dem Streben nach Klarheit, Einfachheit und Maß nieder.
- **Themen** der Dichtung sind: Wahrheit, Freiheit, Schuld, Leidbewältigung, Selbstvervollkommnung, Humanität.

Abgrenzung zum Sturm und Drang

Sturm und Drang	Klassik
Subjektivität	Allgemeingültigkeit
Natürlichkeit	Humanität
Spontaneität	Mäßigung
Impulsivität	Ausgleich zwischen Ratio und Emotion
Geniekult	Begrenzung
Offenheit und Regellosigkeit	Regelhaftigkeit und Gleichmaß
Triebhaftigkeit	Entsagung
Auflehnung	Ausgleich
Dissens	Diskurs

Gattungen

Lyrik

Im Unterschied zur bereits bekannten **Volksballade** wurden in der **Kunstballade** die volkstümlichen Elemente durch strengere Formen ersetzt (1797: „**Balladenjahr**" Goethes/Schillers).

Unter **Ideen- oder Weltanschauungslyrik** versteht man in strenge Form gegossene ästhetische oder philosophische Betrachtungen.

In Form des **Epigramms** (kurzes Sinn- und Spottgedicht) kommentierten Goethe und Schiller andere Stilrichtungen, Autoren oder Werke kritisch-satirisch.

Beispiel

- *Der Zauberlehrling; Grenzen der Menschheit* (J. W. v. Goethe)
- *Die Bürgschaft; Das Lied von der Glocke* (F. Schiller)
- *Xenien* („Gastgeschenke"): über 600 im Jahr 1796 gemeinsam von Goethe und Schiller verfasste Epigramme

Epik

In einem **Bildungs- bzw. Entwicklungsroman** wird der innere und äußere Reifungsprozess einer Person über einen längeren Zeitraum in der Auseinandersetzung mit ihrer Umwelt dargestellt. Dieses Genre wurde durch Goethes *Wilhelm Meisters Lehrjahre* begründet.

Beispiel

- *Wilhelm Meisters Lehrjahre* (J. W. v. Goethe)

Dramatik

Die Dramen der Klassik stellen Konfliktsituationen historischer bzw. mythologischer Persönlichkeiten dar, in denen sich deren Humanität beweist. Sie orientieren sich in ihrem Aufbau an der klassischen Tragödie (5 Akte).

Beispiel

- *Iphigenie auf Tauris; Torquato Tasso* (J. W. v. Goethe)
- *Maria Stuart; Die Jungfrau von Orleans; Wallenstein*-Trilogie (F. Schiller)
- *Faust* (Goethe) als epochenübergreifendes Drama: Die Urfassung entstand bereits vor der Klassik, der zweite Teil danach; Thematik, Form und Sprache lassen sich keiner einzelnen Epoche zuweisen.

1.5 Romantik (ca. 1790–1830)

Unter dem Begriff „Romantik“ versteht man die sich etwa zwischen 1790 und 1830 entfaltende philosophisch-literarische Bewegung, die wichtige Impulse durch die Brüder **Schlegel** erhielt.
Im Gegensatz zur Weimarer Klassik war die Romantik nicht auf Deutschland beschränkt, sondern eine **europäische Bewegung**, die allerdings in Deutschland ihren Ausgang nahm und von deutschen Dichtern stark geprägt wurde. Erstmals spielten in der Romantik auch **Frauen als Literaturschaffende eine aktivere Rolle** (z. B. Karoline von Günderrode, Bettina Brentano).
Anders als die Klassik entwickelte sich die Romantik in mehreren Phasen und hatte verschiedene Zentren und Schwerpunkte.

Phasen der Romantik

Historischer Hintergrund		Zentren / Autoren
	1795	
• 1789–1799: Französische Revolution • Napoleon: Säkularisation (1803)	**Frühromantik**	• Zentren: Berlin, Jena • Vertreter: Brüder Schlegel, Novalis • Ideen: Kunsttheorien
	1804	
• Auflösung des dt. Reiches (1806) • nationale Bewegung • preußische Reformen • Befreiungskriege 1813/14	**Hochromantik** („Heidelberger Romantik“)	• Zentrum: Heidelberg • Vertreter: C. Brentano, A. v. Arnim, Brüder Grimm • Ideen: Wendungen zum Volkstümlichen (Sagen, Märchen, Lieder)
	1815	
• Restauration • Wiener Kongress 1814/15 • Deutscher Bund • Unterdrückung der nationalen und liberalen Bewegung	**Spätromantik**	• Zentren: Berlin, Schwaben • Vertreter: J. v. Eichendorff, E. T. A. Hoffmann, L. Uhland / G. Schwab / J. Kerner („Schwäbische Schule“) • Ideen: Widerspruch Poesie – bürgerlicher Alltag, Wiederbelebung der deutschen Vergangenheit (v. a. Mittelalter)
	1830	

Poetik der Romantik

- Die Romantiker positionierten sich gegen die vernünftelnde und moralisierende Literatur der Aufklärungsnachfahren und erneuerten den **Irrationalismus** des Sturm und Drang. Sie wandten sich gegen einen allzu eng gefassten Vernunftbegriff, der das Gute dem Nützlichen unterordnet, nur das rational Erfassbare gelten lässt und Fantasie als kranke Schwärmerei abwertet.

- Ausgehend von **Rousseaus Zivilisationskritik** und **Herders** Verklärung der Natürlichkeit einfacher **Volksliteratur** wurden Gefühl und künstlerische Freiheit hoch geschätzt. Angestrebt wurde eine absolute künstlerische **Autonomie**.
- Ziel war es, durch Dichtung die Welt zu „romantisieren", d. h. im alltäglichen Leben einen **geheimen Sinn** ahnen zu lassen und durch **Symbole** eine Idee sichtbar zu machen.
- Zentrale **Merkmale romantischer Dichtung** sind: Vermischung der Gattungen („Die romantische Poesie ist eine **progressive Universalpoesie**.", F. Schlegel); Hinwendung zur **Volkspoesie**; **romantische Ironie**; Forderung nach Vereinigung von Kunst und Leben; das **Fragmentarische** und Unvollendete.

Gattungen

Lyrik

Sehr deutlich wird die Poetik der Romantiker in der Lyrik, die **volksliedhafte Schlichtheit** mit bewusster **Kunstfertigkeit** mischt. Große Popularität genießen die Gedichte Joseph Freiherr von Eichendorffs, die häufig in der Verwendung der zentralen **Motive Einsamkeit, Nacht** und **Wald** eine melancholische Stimmung ausdrücken und sich durch einen hohen Reichtum an Bildern und Symbolen auszeichnen. Typisch für die Romantik sind zudem Gedichte, in denen verschiedene Sinnesgebiete **synästhetisch** miteinander vermischt werden.

Beispiel

- *Des Knaben Wunderhorn* (Liedersammlung v. C. Brentano und A. v. Arnim)
- *Mondnacht; Die zwei Gesellen* (J. v. Eichendorff)

Epik

Das **Märchen** schätzten die Romantiker besonders, da dort Menschen, Geister und die belebte Natur selbstverständlich miteinander verkehren und so die **Grenzen der Vernunft durchbrochen** werden. Neben den **Kunstmärchen** errangen die **Kinder- und Hausmärchen**, gesammelt von den Brüdern Grimm, große Aufmerksamkeit.

Der **Roman** galt als wichtigste Gattung, da er am ehesten geeignet erschien, die **Gattungsgrenzen** zu **überwinden**. Der unvollendet gebliebene Roman *Heinrich von Ofterdingen* von Novalis veranschaulicht als Bildungsroman die innere Welt des Helden, der durch Traumbilder zu seinem Ziel geführt wird. Die von ihm gesuchte **blaue Blume** wurde zum **zentralen Symbol** der Romantik.

Bis heute genießen **Novellen** wie Eichendorffs *Aus dem Leben eines Taugenichts* hohe Popularität. Angereichert durch zahlreiche lyrische Elemente erreicht diese Novelle einen leichten und musikalischen Erzählstil. Der Titelheld verkörpert die **Sorglosigkeit**, Freiheitsliebe und Unruhe der Romantik, die mit der eintönigen Welt des arbeitsamen und ängstlichen **Spießbürgers** ironisch konfrontiert werden.

Beispiel

- *Der goldene Topf* (E. T. A. Hoffmann)
- *Peter Schlemihls wundersame Geschichte* (A. v. Chamisso)
- *Heinrich von Ofterdingen* (Novalis)
- *Aus dem Leben eines Taugenichts* (J. v. Eichendorff)
- *Das Fräulein von Scuderi* (erste deutsche Kriminalnovelle v. E. T. A. Hoffmann)

Dramatik

Im Drama wird oft Tragisches mit Komischem vermischt. Die Gattung ist jedoch viel weniger bedeutsam als die Epik bzw. der Roman. Wichtige Werke verfasste Heinrich v. Kleist; dieser Autor kann jedoch nicht eindeutig der Romantik zugeordnet werden, sondern steht zwischen Klassik und Romantik.

Beispiel

- *Das Käthchen von Heilbronn; Der zerbrochne Krug* (H. v. Kleist)
- *Der gestiefelte Kater* (Komödie v. L. Tieck)

1.6 Vormärz, Junges Deutschland, Biedermeier (ca. 1815–1848)

Den Zeitraum zwischen dem Wiener Kongress 1814/15 und der Märzrevolution 1848 nennt man **Vormärz**. Diese Epoche ist geprägt durch die Politik der **Restauration**, die das Ziel hatte, in Europa die Verhältnisse von vor der Französischen Revolution wiederherzustellen. Vor diesem Hintergrund bildeten sich zwei grundsätzliche Verhaltensmuster aus: Einerseits kritisierten Anhänger der als **„Junges Deutschland"** bezeichneten Bewegung die bestehenden Verhältnisse z. B. in Form von Kampfschriften und Satiren und warben für eine revolutionäre Umgestaltung. Die Obrigkeit reagierte mit Zensur und der sog. **„Demagogenverfolgung"**. Andererseits reagierten viele auf die politischen Auseinandersetzungen durch Abwendung vom politischen Tagesgeschehen und Rückzug ins Private **(Biedermeier)**. In der Literatur standen Themen wie Familie, Heimat, einfaches Leben im Vordergrund.

Gattungen

Lyrik

In der Biedermeier-Lyrik dominierten Naturbilder. Eduard Mörike begründete das deutsche **Dinggedicht** (vgl. S. 1, 64).

Beispiel

- *Der Knabe im Moor* (A. v. Droste-Hülshoff)
- *Auf eine Lampe* (Dinggedicht); *Er ist's* (E. Mörike)

Epik

Die Epik ist geprägt von Kleinformen (z. B. Novelle, Erzählung); als Romantyp findet man v. a. den Bildungsroman.

Beispiel

- *Der hessische Landbote* (Flugschrift); *Lenz* (Erzählung v. G. Büchner)
- *Deutschland. Ein Wintermärchen* (Versepos v. H. Heine)
- *Die Judenbuche* (Novelle v. A. v. Droste-Hülshoff)
- *Bergkristall* (Erzählung); *Der Nachsommer* (Bildungsroman v. Stifter)

Dramatik

Im Drama dominierten u. a. historische Stoffe.

Beispiel

- *Woyzeck; Dantons Tod* (G. Büchner)

1.7 Realismus (ca. 1848–1890)

Unter Realismus versteht man im weiteren Sinn eine literarische Darstellungsform, die die reale Welt **möglichst objektiv** („realistisch") wiedergeben will. Enger gefasst bezeichnet der Begriff die Epoche des „bürgerlichen" bzw. „poetischen Realismus" ab Mitte des 19. Jahrhunderts. Allerdings weisen bereits die Strömungen des „**Jungen Deutschland**" und die Werke der **Biedermeierzeit** Merkmale realistischen Erzählens auf.
Geprägt wurde der bürgerliche Realismus von einer Zeit des Fortschrittsglaubens und des **gesellschaftlichen Umbruchs**. Neben den Adel trat das Großbürgertum, der Mittelstand wuchs und war getragen von selbstständigen Handwerkern und Angestellten. In der unteren Gesellschaftsschicht entstand die Arbeiterschaft, die vielfach am Rand des Existenzminimums lebte. Gleichzeitig lösten sich bisher gültige Wertmaßstäbe langsam auf. Die Bedeutung des Religiösen ging zurück und es fehlten immer stärker allgemein verbindliche Werte. Eine Folge dieser Umbrüche war der Rückzug in den persönlichen Bereich, der überschaubare Gebiete eröffnete.

Poetik des Realismus

- In der realistischen Dichtung sollten die Gefühle und Meinungen des Dichters außerhalb der Darstellung bleiben. Dieser sollte illusionsloser **Beobachter** sein.
- Man wollte das **Erfahrbare** und **Überprüfbare** darstellen und verzichtete auf fantastische Elemente.
- Allerdings sollte Kunst sich nicht mit der bloßen Wiedergabe alltäglichen Lebens begnügen, sondern dieses **künstlerisch verklären** und überhöhen. Schönheit wurde nicht mehr als natürlich gegeben betrachtet, sondern sollte erst durch die künstlerische Darstellung durch den Autor entstehen. Hässliches, Krankheit und Elend wurden ausgespart.
- Viele Werke des Realismus versprühen einen ironischen **Humor** als Reaktion auf die Unvollkommenheit und Beschränktheit menschlichen Lebens.

wichtige Themen des Realismus

- gesellschaftliches Zusammenleben bzw. Rückzug des Einzelnen ins Persönliche/Private
- Beschreiben des psychologischen Innenlebens der Figuren (psychologischer Realismus)
- historische Stoffe im Stil des Historismus
- Auseinandersetzung mit wissenschaftlichem Positivismus, Atheismus und Darwinismus

Gattungen

Lyrik

An die Stelle romantischen Schwärmertums tritt ein auf das **Diesseits bezogenes** lyrisches Schreiben. Typisch für den Realismus ist das **Dinggedicht**, in dem ein Gegenstand oder Lebewesen distanziert oder objektiviert erfasst und beschrieben wird. Das lyrische Ich tritt dabei in den Hintergrund. Stattdessen wird ein Gegenstand etwa aus der bildenden Kunst so beschrieben, dass er symbolisch aufgeladen wird.

Beispiel

- *Die Stadt* (T. Storm)
- *Der römische Brunnen* (C. F. Meyer)
- *Herbstbild* (F. Hebbel)
- *Herr von Ribbeck auf Ribbeck im Havelland* (T. Fontane)

Epik

Der Realismus bevorzugte die Prosa, z. B. **Gesellschafts- und Entwicklungsroman**. Wichtigste Untergattungen wurden allerdings die **Erzählung** und die **Novelle**, die das Individuum in der Auseinandersetzung mit einer oft verständnislosen Umwelt in einem nicht alltäglichen Vorgang darstellen. Typisch für die Novellen des Realismus ist die **Rahmentechnik:** Die eigentliche Geschichte wird eingebunden in eine Rahmenhandlung, die dadurch den „Anstrich" eines Berichts über reales Geschehen erhält.

Beispiel

- *Effi Briest; Irrungen, Wirrungen; Frau Jenny Treibel* (Gesellschaftsromane v. T. Fontane)
- *Der grüne Heinrich* (Entwicklungsroman); *Romeo und Julia auf dem Dorfe* (Novelle v. G. Keller)
- *Der Nachsommer* (Entwicklungsroman v. A. Stifter)
- *Der Schimmelreiter* (Novelle v. T. Storm)

Dramatik
Bedeutung erlangt haben nur die Theaterstücke von Friedrich Hebbel, vor allem sein Drama *Maria Magdalena.* Dieses bezeichnete er als „**bürgerliches Trauerspiel**"; allerdings handelt es nicht von der Auseinandersetzung des Bürgertums mit adeligen Kreisen, sondern entlarvt die gesellschaftlichen Konventionen kleiner Leute.

Beispiel

- *Maria Magdalena* (F. Hebbel)

1.8 Naturalismus (ca. 1880–1900)

Der Naturalismus entstand in der zweiten Hälfte des 19. Jahrhunderts als Gegenbewegung zu einer als angepasst und affirmativ empfundenen Literatur des Realismus und fußte auf dem **Positivismus**, nach dem nur das als existent anerkannt wird, was sich unbezweifelbar und nach exakten naturwissenschaftlichen Methoden feststellen lässt.

Poetik des Naturalismus

Der Naturalismus suchte nach Antworten auf die rasante Entwicklung von Technik, Naturwissenschaften und Industrie sowie die wachsenden **sozialen Probleme**, die sich durch die Krise nach der Gründerzeit noch verschärften. Vorbilder waren die psychologisierenden Werke Dostojewskis sowie die Milieustudien des Franzosen Emile Zola. Programmatisch stellte Arno Holz die Gleichung auf:

Kunst = Natur – X

Dabei steht „X“ für die künstlerischen Reproduktionsmittel und deren Handhabung durch den Künstler. Es sollte möglichst klein gehalten werden, damit die Kunst der Natur so nah wie möglich kommt. Von den Schriftstellern wurde daher größte **Genauigkeit** bei der Wiedergabe aller wahrgenommenen Details in strenger Beobachtung der zeitlichen Reihenfolge gefordert. Der Roman sollte wie ein **naturwissenschaftliches Experiment** entwickelt werden.

Gattungen

Epik

Typisch für die erzählenden Werke des Naturalismus ist der **Sekundenstil:** Hierbei sind die erzählte Zeit und die Erzählzeit (vgl. S. 16) gleich lang; die Vorgänge werden in ihrem Ablauf zeitgenau dargestellt.

Beispiel

- *Papa Hamlet* (Novelle v. A. Holz und J. Schlaf)
- *Bahnwärter Thiel* (G. Hauptmann)

Dramatik

Das **soziale Drama** (vgl. S. 20) ist die bedeutendste Gattung des Naturalismus. Viele der Stücke Gerhart Hauptmanns werden bis heute aufgeführt. In ihnen kamen erstmals Themen wie Alkoholismus oder Geisteskrankheit vor. Außerdem übten sie deutliche Kritik an den sozialen Missständen in der Gesellschaft. Entsprechend erregten sie Empörung und Widerstand und sorgten für große Theaterskandale.

Hauptmann gab in seinen Stücken sehr detaillierte und ausführliche **Regieanweisungen**. Die Bühnenbilder sollten die Zugehörigkeit der Personen zum jeweiligen gesellschaftlichen Stand sichtbar machen.

Beispiel

- *Vor Sonnenaufgang; Die Weber* (G. Hauptmann)

1.9 Strömungen der Jahrhundertwende (ca. 1890–1910)

Die Wende vom 19. zum 20. Jahrhundert wird allgemein als Beginn der **Moderne** gesehen. Der Aufbruch in die Moderne erfolgte unter einer Vielzahl von Bezeichnungen und Tendenzen. Unterschiedliche, zum Teil gegensätzliche Strömungen tauchten mitunter gleichzeitig auf. Somit kann das pluralistische Nebeneinander der Stilrichtungen als einziges gemeinsames Merkmal der Moderne bezeichnet werden. Im Folgenden werden die wichtigsten dieser Stilrichtungen vorgestellt.

Poetik der Strömungen der Jahrhundertwende

- **Impressionismus:** Der Begriff stammt aus der Malerei und bezeichnet die Kunst des **Eindrucks**, dessen Vielfalt bis in die letzten Verfeinerungen dargestellt werden soll. Nicht Strukturen und Konturen sind wichtig, sondern eine Wiedergabe des stimmungsvollen Sinneseindrucks mit höchster Intensität. Bevorzugte Formen des literarischen Impressionismus sind die Lyrik und epische Kleinformen.
- Als Absage an den schmucklosen Naturalismus wurde nun ein expliziter **Ästhetizismus** vertreten. Das Verlangen nach Rausch und Schönheit beruhte auf dem Bewusstsein von Niedergang und Verfall ***(décadence)*** sowie vom Ende des bürgerlichen Zeitalters.
- Stefan George vertrat mit dem von ihm geprägten **Symbolismus** die Forderung nach einer Kunst um der Kunst willen, die strengen äußeren Regeln unterliegt.
- **Neuromantik:** Hermann Hesse und der späte Gerhart Hauptmann kehrten als Gegenbewegung zur avantgardistischen Moderne, die die Kunst radikal erneuern wollte, wieder zur Naturverklärung und Magie der Romantik zurück.

Gattungen

Lyrik

Die starre und stumpfe Regelhaftigkeit und Ordnung des **bürgerlichen Lebens** soll durch skurrile Gedichte aufgebrochen werden. Dichter des Symbolismus wie Stefan George betonten dagegen den Absolutheitsanspruch der Kunst.

Beispiel

- Gedichte von C. Morgenstern und J. Ringelnatz
- *Komm in den totgesagten park und schau* (S. George)

Epik

Die Einsamkeit des **Künstlers**, der durch seine Sensibilität und außerordentliche Begabung eine Sonderstellung einnimmt, wird in zahlreichen Prosawerken thematisiert.
Arthur Schnitzler steigerte die genaue **psychologische Beobachtung**. Seine Erzählung *Leutnant Gustl* ist das erste Beispiel eines konsequent durchgeführten **inneren Monologs** in der deutschen Literatur.

Beispiel

- *Tonio Kröger* (T. Mann)
- *Die Aufzeichnungen des Malte Laurids Brigge* (R. M. Rilke)
- *Leutnant Gustl* (A. Schnitzler)

Dramatik

Hier herrscht die Tendenz zu **kürzeren Stücken**, z. T. Einaktern, vor. Die Verlogenheit der bürgerlichen **Sexualmoral** kommt z. B. in *Frühlings Erwachen* von Frank Wedekind zum Ausdruck.

Beispiel

- *Frühlings Erwachen* (F. Wedekind)
- *Liebelei; Reigen* (A. Schnitzler)

1.10 Expressionismus (ca. 1905–1925)

Auch der Expressionismus nahm in der Malerei seinen Ausgang. Der **innere Antrieb** des Künstlers sollte die Gestalt des Kunstwerks bestimmen und die Oberflächlichkeit der objektiven Wirklichkeit durchdringen. Das entscheidende Kriterium war nicht die Schönheit, sondern die **Wahrheit**. Dazu bedurfte es neuer Ausdrucksformen, welche die Malerei durch zunehmende **Abstraktionen** bis hin zur Entgegenständlichung zu erreichen versuchte. Parallel dazu erweiterten die Autoren die grammatischen Möglichkeiten der **Sprache**, die nicht mehr nur als Träger eines Inhalts, sondern gleichzeitig auch als Material gesehen wurde, das nach bildlichen oder klanglichen Gesichtspunkten geformt wurde.

wichtige Themen des Expressionismus

- Zivilisationskritik an der festgefahrenen bürgerlichen Welt
- Großstadt als Ort der Beschleunigung, Anonymität und Entfremdung des Menschen durch die Massengesellschaft
- Generationenkonflikt: Ablehnung der Welt der Väter durch die Generation der Söhne
- Kritik an der Prüderie und am reinen Nützlichkeitsdenken der bürgerlichen Gesellschaft

Poetik des Expressionismus

- **Traditionelle** bzw. konventionelle **Formen** und **Perspektiven** werden **aufgelöst**.
- Kühne **sprachliche Bilder** sollten das Empfinden und die Fantasie des Lesers anregen. **Syntaktische Regeln** werden z. T. **aufgelöst.**
- Die **Dichter** sahen sich **als „Propheten"** mit dem Auftrag, eine „bessere Welt" und einen „**neuen Menschen**" zu verkünden.
- **Tabuthemen** wie Geisteskrankheit, Tod, Verbrechen, Prostitution werden aufgegriffen (Darstellungsprinzip des Schocks).

Gattungen

Lyrik

Vor allem in der Anfangsphase des Expressionismus war die Lyrik die wichtigste Gattung. Zahlreiche **Sonette** entstanden.

Beispiel

- *Grodek, De profundis* (G. Trakl)
- *Der Krieg; Der Gott der Stadt* (G. Heym)
- *Weltende* (J. van Hoddis)
- *Kleine Aster* (G. Benn)

Epik
In der Epik besteht eine Nähe zur filmischen **Montagetechnik**, die den Erzählfluss in schlaglichtartige Momentaufnahmen fragmentiert. In Kafkas Texten sorgt ein unzuverlässiger Erzähler dafür, dass der Leser nicht zwischen Realem und Irrealem unterscheiden kann.

Beispiel

- *Berlin Alexanderplatz* (A. Döblin)
- *Der Proceß; Die Verwandlung* (F. Kafka)

Dramatik
Hier findet die filmische Montagetechnik z. T. als **Reihungsstil** Anwendung. Überindividuell angelegte Figuren dominieren.

Beispiel

- *Masse Mensch* (E. Toller)
- *Der Sohn* (W. Hasenclever)

1.11 Dadaismus (ca. 1916–1922)

In Form der literarischen Parodie, des Kabaretts und des Manifests kämpfte diese kurzlebige Strömung durch **Verneinung aller bisherigen formalen Normen** gegen die bürgerliche Gesellschaft und den Krieg als deren Konsequenz an. **Lautmalerei** und das **Spiel mit dem Schriftbild** wiesen den Weg zur konkreten Poesie.

Beispiel

- *Merz-Collagen; An Anna Blume* (K. Schwitters)
- *Karawane* (H. Ball)

1.12 Neue Sachlichkeit (ca. 1920–1933)

In Opposition zur pathetisch übersteigerten Ausdrucksweise des Expressionismus entstand in den Zwanzigerjahren die betont unaufgeregte und um genaue Sprache bemühte „Neue Sachlichkeit“. Man verwendete **neue Ausdrucksformen** wie Reportage, Collage oder Textmontage. Wirksamkeit, **Nützlichkeit** und Realitätsnähe waren die wichtigsten Kriterien der sogenannten **Gebrauchsliteratur**. Leidenschaftslos und nüchtern war der Blick auf Liebe, Glück und Erfolg.

Gattungen

Lyrik

Die Dichter griffen traditionelle Formen auf, schrieben in einfacher Sprache und oft bezogen auf Probleme der Zeit, sodass der Leser die Gedichte „gebrauchen" konnte („**Gebrauchslyrik**").

Beispiel

- *Sachliche Romanze* (E. Kästner)
- *Hauspostille* (Gedichtsammlung v. B. Brecht)

Epik

Es dominierten Romane zu geschichtlichen, aktuellen und biografischen Themen. Durch die Massenmedien entstanden neue Formate wie Hörspiel, Feature oder Essay (vgl. S. 27).

Beispiel

- *Das kunstseidene Mädchen* (Roman v. Irmgard Keun)
- Journalistische Prosa, *Schloss Gripsholm* (Erzählung v. K. Tucholsky)

Dramatik

In dieser Zeit begann mit B. Brecht das **epische Theater** (vgl. S. 20 f.).

Beispiel

- *Dreigroschenoper; Die heilige Johanna der Schlachthöfe* (B. Brecht)
- *Geschichten aus dem Wiener Wald* (Ö. v. Horváth)

Auseinandersetzung mit dem Ersten Weltkrieg

Unabhängig von der stilistischen Ausrichtung war die Auseinandersetzung mit der Katastrophe des **Ersten Weltkriegs** zentrales Thema der Literatur während der Weimarer Republik. Auf der einen Seite standen Autoren, die das Frontleben als antibürgerliches Erweckungserlebnis, als Bewährung echter Männlichkeit und Kameradschaftlichkeit feierten, z. B. Ernst Jünger mit *In Stahlgewittern,* auf der anderen Seite radikale Pazifisten, z. B. Erich Maria Remarque mit *Im Westen nichts Neues.*

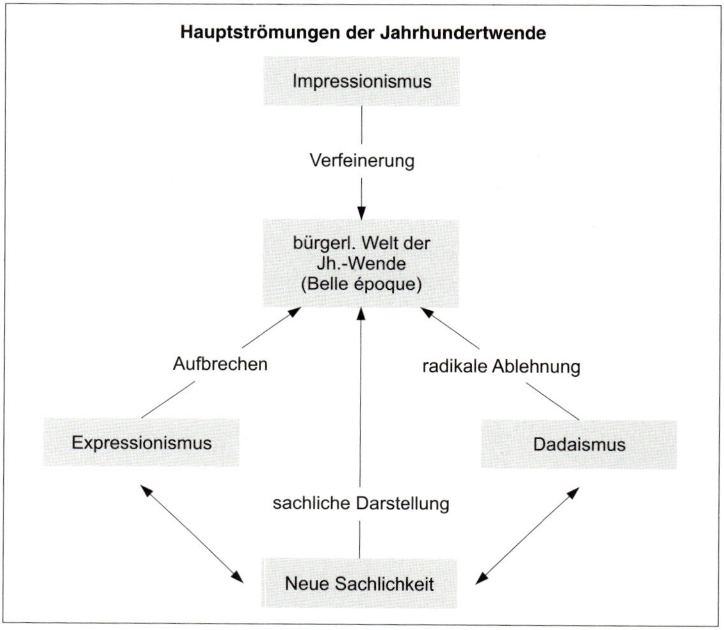

1.13 Literatur zwischen 1933 und 1945

Die nationalsozialistische Herrschaft in Deutschland bedeutete eine scharfe Zäsur für viele Literaten. Die Nazis brandmarkten alles, was sich mit ihrer **völkisch-rassistischen Ideologie** nicht vereinbaren ließ, als „entartet“ und wollten durch öffentliche **Bücherverbrennungen** den „zersetzenden Geist undeutscher Literatur“ auslöschen. Auf diese Veränderung reagierten die Autoren auf dreierlei Weise:

- **Anpassung** und Übernahme nationalsozialistischen Gedankenguts: z. B. Gottfried Benn
- Rückzug auf unpolitische Felder („**innere Emigration**“): z. B. Erich Kästner, Hans Carossa
- **Exil:** z. B. Bertolt Brecht, Kurt Tucholsky, Thomas und Heinrich Mann, Stefan Zweig, Joseph Roth, Anna Seghers

Gattungen

Lyrik
Die Lyrik gilt als wichtigste Gattung der antifaschistischen Literatur (Möglichkeit, durch verschlüsselte Sprache Kritik zu üben bzw. durch den Rückgriff auf strenge Formen wie das **Sonett** einen Gegenpunkt zum Chaos der Zeit zu setzen).

Beispiel

- *An die Nachgeborenen* (B. Brecht)

Epik
In Deutschland- und Exilromanen kommt Zeitgeschehen zum Ausdruck.

Beispiel

- *Das siebte Kreuz* (Anna Seghers)
- *Die Geschwister Oppermann* (L. Feuchtwanger)

Dramatik
Die Gattung Drama trat hinter Lyrik und Epik zurück, da es kaum Gelegenheit zur Aufführung gab (Ausnahme: B. Brecht).

Beispiel

- *Furcht und Elend des Dritten Reiches; Mutter Courage und ihre Kinder* (B. Brecht)

1.14 Literatur von 1945 bis heute

Die deutsche Literatur nach 1945 lässt sich grob in drei Phasen unterteilen. Das erste Jahrzehnt bis etwa Mitte der Fünfzigerjahre war geprägt von der Auseinandersetzung mit dem Zusammenbruch des nationalsozialistischen Regimes und der Niederlage im Zweiten Weltkrieg sowie dem Leben in der **Nachkriegsgesellschaft**. Mit der Entstehung zweier deutscher Staaten und der damit verbundenen **Spaltung Deutschlands** rückten andere Themen und Aspekte in den Vordergrund. Die **Wiedervereinigung** und der zeitgleich einsetzende Siegesmarsch der neuen Medien läuteten die dritte Phase der Entwicklung ein, in der wir uns heute noch befinden.

Nachkriegszeit

- Die Schriftsteller waren geprägt von ihren unterschiedlichen Erfahrungen während des Nationalsozialismus: Auf der einen Seite gab es die überlebenden Autoren des Exils, die z. T. nach Deutschland zurückkehrten, wie Bertolt Brecht, z. T. weiterhin im Ausland lebten, wie Oskar Maria Graf oder Thomas Mann. Auf der anderen Seite entstand eine neue Autorengeneration, die den Krieg in Deutschland erlebt hatte und ihre Erfahrungen nun literarisch verarbeitete. Heinrich Böll prägte hierfür den Ausdruck „**Trümmerliteratur**".
- Die Autoren zeichneten sich durch eine große Skepsis gegenüber jeder Form von Manipulation und Propaganda aus und setzten auf betont schmucklose Sprache und nüchterne Formen, um so einen literarischen Neubeginn zu ermöglichen. Am bekanntesten für diese „**Kahlschlagliteratur**" ist das Gedicht *Inventur* von Günter Eich. Das Leben im zerstörten Deutschland wurde häufig in Form von **Kurzgeschichten** (vgl. S. 10 f.) thematisiert.
- Ein Zentrum der bundesdeutschen Literatur wurde die nach ihrem Gründungsjahr benannte **Gruppe 47**. Es handelte sich um einen lockeren Zusammenschluss von **Autoren und Kritikern**, die bei ihren Treffen aus ihren unveröffentlichten Manuskripten vortrugen und sich gegenseitig kritisierten. Bedeutende Mitglieder der Gruppe 47 waren Ingeborg Bachmann, Günter Grass, Wolfgang Hildesheimer, Paul Celan, Hans Magnus Enzensberger, Uwe Johnson.

Die 1950er-Jahre

Ende der 1950er-Jahre setzten neue Strömungen der Gegenwartsliteratur ein, die teilweise bis zur Wiedervereinigung der beiden deutschen Staaten andauerten. Der dafür verwendete Begriff **Sprachexperiment** bzw. **absolute Dichtung** umfasst u. a. folgende Tendenzen:

- **Hermetische Dichtung:** Gedichte, die sich aus Skepsis gegenüber der durch die Nationalsozialisten manipulierten Sprache einem unmittelbaren Verständnis entziehen. Zentrale Begriffe, die als **Chiffren** bezeichnet werden, erhalten eine neue semantische Bedeutung, die nicht eindeutig zu entschlüsseln ist. Autoren: Ingeborg Bachmann, Paul Celan.

- **Naturmagische Gedichte:** Darstellung einer beseelten, mythischen Natur als Grundlage jeglicher menschlichen Existenz, die deutlich abgegrenzt wird von der Gesellschaft.
- **Konkrete Poesie:** Sprache erhält einen Eigenwert, ist nicht nur Mittel zur Kommunikation. Gedichte stellen eine Aussage konkret, also figürlich durch die Anordnung der Worte und Buchstaben dar. Autoren: Eugen Gomringer, Ernst Jandl.
- **Bitterfelder Weg:** in der DDR 1959 begonnener Versuch, Literatur inhaltlich und sprachlich zu erneuern, indem Werktätige über ihren Alltag und ihr Arbeitsleben schreiben. Autoren wie Christa Wolf arbeiteten zeitweise in Industriebetrieben und nahmen die Perspektive der Arbeiterschaft ein.

Die 1960er-Jahre

Kennzeichnend für diese Zeit ist die **Politisierung** der Literatur im Zuge gesellschaftlicher Konflikte.

Bundesrepublik
Hier bezieht sich der Begriff der Politisierung auf die sich auch in literarischen Werken niederschlagende Kritik an der **Konsumgesellschaft**, an der konservativen Gesellschaftsordnung und am Umgang der Elterngeneration mit der **NS-Vergangenheit** während der Zeit des Wirtschaftswunders.

Beispiel

- *Ehen in Philippsburg* (Roman v. M. Walser)
- *Die Blechtrommel* (Roman v. G. Grass)
- *Ansichten eines Clowns* (Roman v. H. Böll)
- *Der Stellvertreter* (Drama v. R. Hochhuth)

DDR
In der DDR spiegelte sich die Einschränkung der künstlerischen Freiheit durch das Regime, die zu Auftrittsverboten und schließlich Ausbürgerung bzw. Ausreise systemkritischer Autoren führte, in der Literatur metaphorisch wider.

Beispiel

- *Es geht seinen Gang oder Mühen in unserer Ebene* (Roman v. E. Loest)
- *Germania Tod in Berlin* (Drama v. H. Müller)
- Kurzprosa v. E. Strittmatter

Die 1970er-Jahre

In Abgrenzung von der stark politisierten Literatur Ende der 1960er-Jahre thematisierten viele Autoren erstmals wieder persönliche Erfahrungen, z. B. Krankheit, Alltagssorgen oder Probleme in Partnerschaften. Man spricht von einer Literatur der „**Neuen Innerlichkeit**“ bzw. „**Neuen Subjektivität**“. Dieses zum Teil emphatische Bekenntnis zum eigenen Ich fand vor allem in der **Epik** starken und unverwechselbaren Ausdruck. Dagegen spielten Lyrik und Dramatik nur untergeordnete Rollen.

Beispiel

- *Lenz* (Erzählung v. P. Schneider)
- *Häutungen. Autobiographische Aufzeichnungen, Gedichte, Träume, Analysen* (V. Stefan)
- *Endlich allein, endlich zu zwein* (Erzählung v. G. Wohmann)
- *Der Butt* (Roman v. G. Grass)

Die 1980er-Jahre

Die **Literatur der Postmoderne** als aufkommende Strömung in den 1980er-Jahren verfügte über kein Programm, es gab auch keine Schulen oder Gruppen, in denen sich postmodern nennende Autoren zueinanderfanden. Die Gemeinsamkeit lag hauptsächlich in dem Gefühl, dass das Leben des Menschen im 20. Jahrhundert einen **universellen Sinnverlust** erlitten habe. Die Postmoderne war gewissermaßen der Versuch, mit den begrenzten und fragwürdig gewordenen Mitteln der Literatur auf diese Sinnkrise zu reagieren.

In den facettenreichen Werken geht es oft um Erfahrungen und Phänomene, die von der vorangegangenen Epoche der Moderne negativ bewertet wurden, wie z. B. Trivialität, Spontaneität, Formlosigkeit, Pluralismus, Erschöpfung oder Beliebigkeit.

Ein weiteres sehr wichtiges Element der Postmoderne ist das **Spiel mit tradierten Mustern, Mythen und Motiven**. Die postmodernen Texte sind voll von Anspielungen auf andere Werke, auf traditionelle Erzählstile, bekannte Motive oder kulturelles und historisches Wissen. Aufgrund der **Intertextualität** wird sehr oft mit Verweisen, Verfremdungen und Zitaten gearbeitet. Weitere Merkmale sind das Spiel mit Symmetrie und Asymmetrie sowie die Konstruktion von Gegensätzen.

Beispiel

- *Das Parfum* (Roman v. P. Süßkind)
- *Die Angst des Tormanns beim Elfmeter* (Erzählung v. P. Handke)
- *Paare, Passanten* (Sammlung von Prosatexten v. B. Strauß)

Tendenzen der Literatur nach 1990

Neben der Fortführung postmodernen Schreibens, das durch den Zusammenbruch des Kommunismus noch einmal Auftrieb erhielt, prägten nun auch neue Erscheinungen die deutsche Literatur.

- Viele (vor allem junge ostdeutsche) Autoren versuchten, die deutsche Wiedervereinigung auf literarische Weise zu verarbeiten. Im Blickpunkt standen bei der sogenannten **Wendeliteratur** die satirische oder parabolische Verarbeitung der tristen DDR-Realität ebenso wie die schonungslose Auseinandersetzung mit den gesellschaftlichen Folgen der Wiedervereinigung.
- Die sogenannten Popliteraten der 1990er-Jahre wie Benjamin von Stuckrad-Barre oder Christian Kracht brachten Elan und Innovation in die Literatur ein. Ihnen war nicht mehr daran gelegen, die Welt, in der sie lebten, zu verändern, sondern sie wollten davon erzählen und den Zeitgeist frisch und jugendlich einfangen. Die Werke der **Popliteratur** sind geprägt von Lektüren der Autoren, von Film und Fernsehen, von aktuellen Medien, von Musik und Lifestyle. Drogenkonsum und Reisen galten als Bestandteil des Themenrepertoires. Ziel war es, den Leser zu unterhalten. Durch die ironisch-distanzierte Haltung zum Erzählten verhinderten die Autoren, dass der Leser sich mit der Hauptperson identifiziert.
- 1994 schrieb Rainald Goetz in Berlin ein Netztagebuch unter dem Titel *Abfall für alle,* in dem er seine Tages- (und Nacht-)Eindrücke

aktuell auf einer Website und später in Buchform veröffentlichte. Mit dem **Vormarsch der digitalen Medien** gewann das Internet als Publikationsform immer stärker an Bedeutung. Zudem eröffnen **Literaturblogs** neue Möglichkeiten literarischen Lebens. Gerade die Rezeption durch zahlreiche Blogger neben der professionellen **Literaturkritik** in den etablierten Medien demokratisiert die literarische Diskussion spürbar.

Beispiel

- *Helden wie wir* (T. Brussig)
- *Der Turm* (U. Tellkamp)
- *Faserland* (C. Kracht)
- *Soloalbum* (B. v. Stuckrad-Barre)

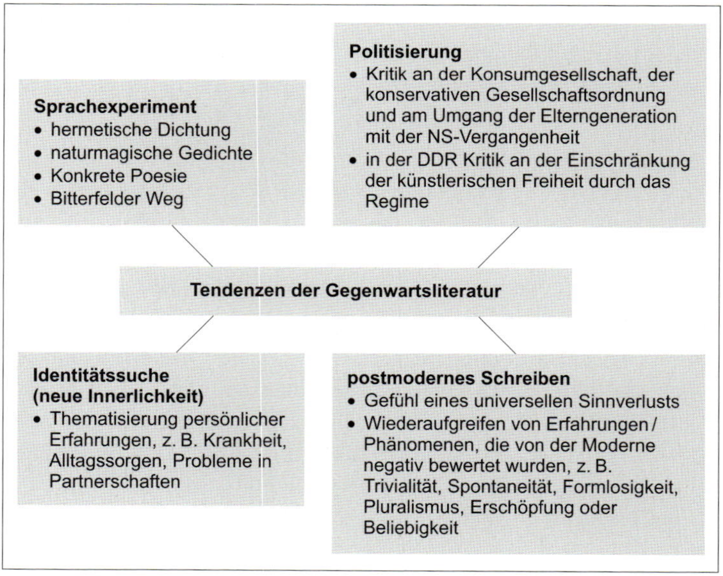

2 Aktuelle Diskussionen

Zentrale Aspekte der öffentlichen Diskussion, die auch in den Feuilletons großer deutscher Zeitungen thematisiert werden, werden häufig in den Abiturprüfungen aufgegriffen, sei es bei der Erschließung von Sachtexten oder der Erörterung. Daher ist es ratsam, zumindest eine grobe Orientierung über die wichtigsten Themenbereiche zu besitzen.

2.1 Medienwelt und Medienkonsum

Die neuen Medien verändern das Arbeitsleben sowie das Freizeit- und Kommunikationsverhalten vieler Menschen nachdrücklich. Dieser tiefgreifende Wandel führt zu heftigen Diskussionen über die Auswirkungen, Chancen und Gefahren der neuen Medien.

Zentrale Aspekte

- Starke Zunahme der Internetnutzung in allen Altersgruppen
- Informationsmedium Internet wird durch soziale Netzwerke zum Kommunikationsmedium
- Öffentlichmachen von Privatem in Blogs und auf Webseiten

Mögliche Themen

Beispiel

Führen die neuen Medien zu einer Verflachung sozialer Beziehungen und zu einer Verarmung der Kommunikation?

PRO	VERSUS	KONTRA
• Kommunikation wird aufgrund der Schnelligkeit und ständigen Verfügbarkeit von Informationen sowie der niedrigen sprachlichen und formalen Standards im Internet oberflächlicher und inhaltsärmer. • Die Anonymität des Netzes verführt dazu, dass Menschen nicht mehr in ihrer ganzheitlichen Persönlichkeit, sondern lediglich durch ihre isolierten Beiträge wahrgenommen werden.	V E R S U S	• Das Netz erleichtert die Kontaktaufnahme mit Gleichgesinnten auch über weite Entfernungen hinweg und erweitert somit die Kontaktmöglichkeiten erheblich. • Durch die Möglichkeit zum ständigen, direkten Austausch können sich zwischenmenschliche Beziehungen auch intensivieren. • Aus virtuellen Kontakten können reale Begegnungen werden (z. B. bei der Partnersuche über Kontaktbörsen).

• Menschen können unter falscher Identität agieren. • Manchen Usern fällt es schwer, zwischen realer Welt und virtueller Welt zu unterscheiden. • Computersucht führt zu einer Vernachlässigung realer sozialer Kontakte.		

Beispiel

Bedeuten die sozialen Medien das Ende der Privatsphäre?

PRO		KONTRA
• Mögliche Verletzung der Privatsphäre durch Betreiber und Staat: Sammeln privater Daten (Beispiel: NSA-Affäre) • Andere Menschen erlangen Zugang zu privaten Informationen (Freundeskreis, Beruf, Familie, Verein etc.) • Teils unreflektierter Umgang mit eigenen privaten Daten, teils unreflektierter / böswilliger Umgang mit privaten Daten durch andere und in anderen sozialen Rahmen • Einmal ins Netz gestellte Daten können nur sehr schwer wieder getilgt werden („das Netz vergisst nichts“).	V E R S U S	• Informationelle Privatheit: öffentliche Selbstauskunft ist in der Regel freiwillig. • Jeder besitzt die Chance, eine authentische Darstellung von sich selbst zu kreieren. • Der Datenschutz wird ständig ausgeweitet. • Die Medienkompetenz der Nutzer kann durch stärkere Medienerziehung erhöht werden.

Beispiel

Foren im Internet: Ende des zivilisierten Diskurses?

PRO		KONTRA
• Die Anonymität im Netz verführt zu mangelnder Selbstdisziplin; häufig kommt es zu unsachlichen Beleidigungen und extremen Meinungsäußerungen. • Die Tendenz zur Kürze verhindert Komplexität und Differenziertheit der Argumentation.	V E R S U S	• Die Offenheit des Netzes führt zu einer Diskussion ohne Machtgefälle, jeder kann sich beteiligen. • Auswüchse Einzelner werden durch die Weisheit der Mehrheit relativiert.

• Radikale und sogar verfassungsfeindliche Inhalte können mühelos verbreitet werden. • Tatsachenbehauptungen können nur schwer überprüft werden. • Autoritäre oder diktatorische Systeme unterziehen das Internet einer Zensur (z. B. China).	• Meinungsvielfalt bewirkt bzw. verstärkt die Demokratisierung. • Oppositionellen Kräften fällt es leichter, sich zu vernetzen und aktiv zu werden (vgl. Arabischer Frühling). • Trotz Zensurbemühungen bedeutet das Internet in diktatorischen Systemen oft die einzige Möglichkeit, ungefiltert an Informationen zu kommen.

2.2 Sprachwandel und Sprachkritik

Zentrale Aspekte

Anglizismen

- Unter Anglizismen versteht man aus dem Englischen stammende Fremdwörter (zumeist Substantive oder substantivierte Verben: *Comic, Hobby, TV, E-Mail, Computer, Notebook*) oder aus der englischen Sprache übernommene Phrasen (z. B. „das macht Sinn“ von *that makes sense*).
- In Deutschland werden Anglizismen insbesondere durch die Werbung, die neuen Medien und die Verwendung im Geschäftsleben immer weiter verbreitet.
- Diese „Anglisierung“ der deutschen Sprache hängt mit der weltweiten Ausbreitung des *American Way of Life* zusammen.

Sprachwandel durch Zuwanderung

- Im mehrsprachigen Milieu wird häufig auf korrekte Deklination und genaue Endungen verzichtet, ebenso auf Artikel und Präpositionen („Isch geh Schule“).
- Einwanderer greifen auf Sprachstrukturen zurück, die sie aus ihrer Muttersprache mitbringen. Diese werden ins Deutsche kopiert und im zweisprachigen Milieu gefestigt. Im großstädtischen „Kiezdeutsch“ gibt es eine Vielzahl von Satzmustern, die aus dem Arabischen oder Türkischen stammen, etwa die Wortfolge „Hab isch gesehen mein Kumpel gestern“.

- Manche grammatikalische Kategorien wie Konjunktiv, Plusquamperfekt oder vollendetes Futur werden in naher Zukunft wahrscheinlich kaum noch verwendet.
- Wir befinden uns momentan in einer Phase, in der „falsches“ und „richtiges“ Deutsch in Konkurrenz stehen und beide Varianten oft direkt nebeneinander geäußert werden. Dies ist ein deutliches Zeichen für beschleunigten **Sprachwandel**.
- Das **gesprochene Deutsch** wird geprägt von neuen **Sprachstrukturen**, die sich durch Sprachkontakt herausgebildet haben: Die Grammatik ist reduziert, der innere Zusammenhalt der Satzteile gelockert, viele Regeln sind vereinfacht oder lösen sich ganz auf. Damit passt sich das Deutsche einer Entwicklung an, die sich in fast allen europäischen Ländern zeigt: Schon seit Langem gibt es etwa im Englischen und Französischen eine Tendenz zu kasuslosen und grammatikarmen Sprachstrukturen.

Geschlechtergerechte Sprache

- Unter dem Begriff geschlechtergerechte Sprache (auch: geschlechtersensible Sprache) werden Vorschläge und Leitlinien für den Sprachgebrauch zusammengefasst, die darauf zielen, eine Sprache so zu modifizieren, dass die Gleichstellung der Geschlechter (männlich, weiblich, drittes Geschlecht: intersexuell) sprachlich ausgedrückt wird. Als „**Gendern**“ wird es bezeichnet, wenn ein Text streng nach den Richtlinien geschlechtergerechten Formulierens erstellt wird.
- In der geschlechtergerechten Sprache werden im Wesentlichen zwei Wege eingeschlagen. Der erste macht das Geschlecht „sichtbar“, indem **alle Gruppen explizit genannt** werden (etwa: „Studentinnen und Studenten“, „Student/-innen“, „StudentInnen“); der zweite verwendet **geschlechtsneutrale Formulierungen** wie „Studierende“, „Lehrkraft“ oder „Dozierende“.

Mögliches Thema

Beispiel

Bedeutet Sprachwandel Kulturverfall?

PRO	VERSUS	KONTRA
• Es besteht die Gefahr, dass sich traditionelle nationale Kulturen durch Amerikanisierung bzw. Zuwanderung auflösen. • Der Abbau von Grammatik schränkt die Differenziertheit von Texten und Äußerungen ein. • Eine Vereinfachung der Sprache führt zu einer Verengung von Denken und Kommunikation.	V E R S U S	• Die Sprache muss sich an eine sich ändernde Welt (z. B. Technisierung, Gleichberechtigung, Ächtung von Diskriminierung) anpassen. • Kultur ist kein statischer Zustand, sondern ein dynamischer Prozess.

2.3 Kulturelles und literarisches Leben

Zentrale Aspekte

Die neuen Medien verändern auch das kulturelle und literarische Leben. Insbesondere der Buchhandel ist davon stark betroffen: Zum einen gewinnt der Internetgroßhandel (Amazon, Thalia, Buecher.de) seit Jahren Marktanteile; für das gedruckte Buch entsteht durch E-Books und Hörbücher elektronische Konkurrenz. Die Folge ist, dass es zu einem Sterben kleiner, selbstständiger Buchhandlungen und zu einer Monopolisierung gekommen ist. Auf der anderen Seite hat sich die Verfügbarkeit von Büchern stark erhöht, was den Buchmarkt insgesamt stärkt.

Mögliche Themen

Beispiel

Bedroht der elektronische Buchhandel die kulturelle Vielfalt?

PRO

- Angestammte Buchläden bilden häufig einen kulturellen Mittelpunkt von Gemeinden oder Städten (Veranstaltung von Lesungen o. Ä.), der verloren gehen könnte.
- Reale Buchläden bieten Beratung und Anregung für Leser, die nicht unbedingt ein bestimmtes Buch suchen.
- Der Konzentrationsprozess im Buchhandel führt zu einer Monopolisierung, in deren Folge die Vielfalt des kulturellen Angebots gefährdet ist (Beispiel: Amazon behindert kleinere Verlage).

VERSUS

KONTRA

- E-Books erschließen der Literatur einen größeren Nutzerkreis.
- Die Möglichkeit des Selfpublishings demokratisiert den Zugang zum literarischen Markt und steigert die Vielfalt des Angebots.
- Elektronische Medien machen die Erzeugung literarischer Werke günstiger, dies sichert das Überleben der Produzenten (Autoren und Verlage) und bietet die Möglichkeit für preiswerte Erzeugnisse.

Beispiel

Haben Printmedien neben den neuen Medien noch eine Zukunft?

PRO

- Printmedien bieten gegenüber offenen Plattformen eine erheblich höhere stilistische Qualität.
- Viele Menschen ziehen gedruckte Bücher den neuen Publikationsformen vor.
- Die fehlende Aktualität wird in Printmedien durch eine vertiefte Analyse in der Berichterstattung wettgemacht.
- Printmedien öffnen sich den neuen Medien und versuchen beides zu kombinieren.

VERSUS

KONTRA

- Neue Medien bieten eine Aktualität, die Printmedien niemals erreichen können.
- Die Kommentarfunktion demokratisiert die öffentliche Meinungsbildung.
- Durch die Verfügbarkeit der neuen Medien weitgehend unabhängig von Zeit und Ort des Nutzers wird eine erheblich höhere Reichweite ermöglicht.
- Multimediaangebote vergrößern die Informationsmöglichkeiten und Zugänge zu Themen erheblich.

Stichwortverzeichnis